KB089360

최강 조직을 위한
B2B 영업 특강

성공하는 영업기회와 전략을 위한 5가지 영업 프레임

B2B
SALES
STRATEGY

최강 조직을 위한
B2B 영업
특강

천세훈 지음

블루오마주

일러두기
- 한글맞춤법과 외래어 표기법에 따랐다. 다만 예외적으로 표기 형태가 고착된 고유 명사나 브랜드명, 제품명 등은 일반적으로 사용하는 명칭을 사용했다.
- 업계 전문용어의 경우 외래어 표기법에 어긋나더라도 업계에서 관례적으로 쓰는 표기법을 따른 것이 일부 있다.

B2B 영업은
별을 바라보며 가는 긴 여정이다

　나는 인생 자체가 곧 영업이라고 생각한다. 우리는 기나긴 인생의 여정 속에서 나의 가치관에 준해 수많은 의사결정을 하고, 그때마다 내가 할 수 있는 최선을 다한다. 후회 없는 인생을 살기 위해서는 결정적인 순간 내가 한 선택의 이유를 명확히 인식하고 있어야 한다. 그것이 곧 전략이며 리스크를 줄이는 최선의 방법이다.

　영업을 할 때도 마찬가지다. 목표를 달성하는 과성에서 맞닥뜨리는 수많은 선택의 순간마다 최고는 아닐지라도 최선을 추구하기 위해 노력한다. 다만 영업자는 고객에게 우리를 선택해야 하는 이유를 반드시 알려주어야 하며, 그것이 고객의 사업에 도움이 된다는 사실을 입증해내야 한다. 영업을 하면서 전략과 전술을 수립하는 것도 삶을 살아가는 과정과 다르지 않다. 해당 영업기회Sales Opportunity의 본질을 이해하고 철저히 분석한 뒤 내·외부 자원과 역량을 파악해 전략을 수립하면 영업 수주는 결코 넘지 못할 산이 아니다.

"나에게는 B2B 영업의 DNA가 없는 게 아닐까?"

"B2B 영업과 마케팅은 아무나 할 수 없다. 특별한 재능을 타고나거나 전문 교육을 받고 경험이 많은 사람만 해낼 수 있다."

이제 막 영업일을 시작한 사람들 중에는 이런 명제에 짓눌려 자신감을 잃어가는 경우가 많다. 주변 환경만 탓하는 사람은 인생도 영업도 실패의 길을 걷게 된다. 하지만 수시로 전략을 수정하면서 전력을 재정비하는 훈련을 해나간다면 누구라도 훌륭한 영업자가 될 수 있다. 이것이 이 책을 집필하게 된 가장 큰 이유다. 나 또한 수많은 시행착오를 거치면서 나만의 B2B 영업 노하우를 쌓아나갈 수 있었다. 이 책에는 내가 쌓아온 다양한 경험과 이를 토대로 정립한 이론을 고스란히 담아냈다.

B2B 영업의 길은 별을 보고 걸어가는 긴 여정과 같다. 별을 바라보며 방향을 맞추어 걷다가도, 잠시 방향이 틀어지면 다시 바로잡아 나아가는 과정을 반복하다 보면 어느덧 수주라는 목

표에 다다를 수 있다. 하지만 다른 방향으로 가고 있다는 사실을 알지 못하거나 뒤늦게 알아챘다면 목적지에 도달해봤자 이미 다른 사람이 선점한 후일 것이다. 또한 방향성을 잃지 않았다 해도 긍정적인 집요함이 없다면 중도에 포기하기 쉽다. 영업자는 불가능 속에서도 가능성의 불씨를 발견할 수 있어야 한다. 이런 마인드를 갖춘다면 고객에게 얼마든지 진정성을 입증해 보일 수 있으리라 생각한다.

이 책의 시작은 2007년경으로 거슬러 올라간다. 영국에서 석사 과정을 마치고 영국 통신사British Telecom, BT 그룹의 계열사 중 하나인 BT글로벌서비스에 근무하며 경험한 내용에서 비롯되었다. 당시 나는 어카운트 매니저들을 지원하는 사전영업 업무를 맡아 특정한 영업기회를 개발하는 방법인 TAS Target Account Selling 교육을 받았다.

그때 사업지원이라는 명목 아래 행했던 사전영업이 얼마나 보잘것없고 즉흥적인 것이었는지, 고객의 가치가 아닌 우리가 하고 싶은 이야기만 해왔는지 깨닫고 반성했다. 영업사원과 미팅을 한다고 생각해보자. 그가, 자신이 하고 싶은 말만 장황하게 늘어놓는다면? 아마 두번 다시 만나고 싶지 않을 것이다.

TAS 교육을 받은 후로는 주로 ICT 기술 위주의 세일즈를 많이 했다. 특히 2021년 가을에는 서비스 관련 자회사로 이동해서 인력 서비스의 차별화에 주력했다. 하지만 가격 이외에 서비스 측면에서의 차별화는 어려워 다른 방법론을 고민하다가 지금의 'B2B 영업 프레임'을 구축했다. 영업 담당자가 고객과 실시간 의사소통을 하면서 전략을 만들어 최적의 결과를 도출하는 데 도움을 받을 수 있었다. 나아가 결정적인 순간 범하는 실수를 최소화해서 영업기회 수주의 성공률을 높일 수 있었다. 이 책에 소개된 B2B 영업 프레임에는 영업기회를 발견하고 수주에 도달하는 지난한 단계마다 반드시 알아야 할 정보와 결코 간과해서는 안 될 주의사항이 포함되어 있다.

이 책의 활용도를 극대화하기 위해서는 아래의 3가지를 실천하기를 권장한다.

1. 우리 조직의 역량과 문제를 객관적으로 분석하고 현 단계를 명확하게 이해한다.
2. 이 책의 핵심내용인 영업 방법론과 템플릿을 지금 진행하고 있는 영업기회나 과거에 진행했던 영업기회에 적용해보자. 충분한 정보가 없다면 가상의 정보를 넣어서 분석해도 무방하다. 이때는 혼자 하는 것보다 팀 과제로 실천하기를 권장한다.

3. 현재 진행하는 영업기회에 관한 정보를 최대한 많이 파악하고 해당 방법론을 적용하면서 완전히 체득할 수 있도록 노력하자.

이 책은 전통적인 영업 프레임과 실전 경험뿐 아니라, 하루가 다르게 발전하는 AI 기술을 전사적으로 활용해서 B2B 영업활동의 효율을 극대화하는 다양한 방법에 대한 고민을 담고 있다. 영업 프레임을 통해 축적되는 정보는 단순히 정보 수집과 분석을 넘어, 예측 정확도를 높이고 고객 맞춤형 전략을 수립하는 데 큰 도움을 줄 것이다. 부디 이 책이 B2B 영업실무를 담당하는 이들이 자신과 조직의 목표를 이루어나가는 데 디딤돌이 되길 바란다.

2024년 8월
천 세 훈

차례

프롤로그 B2B 영업은 별을 바라보며 가는 긴 여정이다   5

1 B2B 영업의 본질을 알아야 백전불태할 수 있다

영업은 왜 항상 어려울까? 지속적인 성과는 왜 요원할까?   17

FOCUS B2B와 B2C의 차이에 대한 이해 부족이 만들어내는 실패   24

비즈니스의 선봉장이 된 영업자들의 비결은 무엇인가?   26

경쟁력 있는 B2B 영업 프레임 5단계   36

2 영업기회를 발견하고 가치를 확인하는 법
_B2B 영업 프레임 1단계

영업기회를 판단하는 결정적 기준   47

영업기회의 다면성   51

영업기회의 실현 가능성은 어떻게 타진해야 할까?   59

우리의 내부 경쟁력을 구체적으로 파악하는 법   80

FOCUS 영업 과정에서 강력한 힘을 발휘하는 가치 제안 템플릿   102

영업 수주의 가능성을 판단하는 결정적인 방법   104

영업기회가 지닌 전략적 가치는 어떻게 판단해야 하나?   126

B2B Exercise 성공적인 영업기회 판단을 위한 실전 점검 템플릿   145

더 알아보기 비즈니스 파트너의 선정 및 판단기준   165

3 핵심관계자를 파악하고 활용하는 법
_B2B 영업 프레임 2단계

고객사의 유관 조직과 구성원에 관한
정보를 확보해야 하는 이유   169

공식적인 조직도에 기반해서 핵심관계자 파악하는 법   174

비공식적인 관계 및 영향력 관점에서
핵심관계자 파악하는 법   202

4

B2B 영업을 위한
핵심관계자와의 관계 수립 전략
_B2B 영업 프레임 3단계

고유한 사업가치 전달을 위한 관계 수립   223

5

영업기회별 맞춤 전략 수립
_B2B 영업 프레임 4단계

영업기회를 획득하기 위한 케이스별 맞춤 전략 짜는 법   235

FOCUS 결정적 순간의 대면 전략 수립을 위한 G.O.S. 프레임워크   249

6

영업 성공을 위한 행동전략 수립하기
_B2B 영업 프레임 5단계

최적의 영업활동을 위한 P.R.I.M.E. 행동전략 짜는 법   257

7 최고의 영업팀을 이끄는 리더의 전략

리더가 생각하는 영업의 본질이란 무엇인가   273

B2B 영업과 B2B 마케팅, 적재적소에 적용하는 법   281

변화하는 영업환경에 따른 구성원의 핵심역량 키우는 법   287

영업구성원의 성장 마인드셋을 돕는 목표 설정법   295

영업목표 달성을 위한 최적의 운영 원칙   305

급변하는 기술 변화에 대처하고 지속 성장하는
B2B 영업전문가가 되기 위해   316

에필로그 시장에서 강력한 힘을 발휘하는
B2B 영업전문가로 거듭나길 응원하며   323

참고 문헌   329

제1장

B2B 영업의 본질을 알아야 백전불태할 수 있다

B 2 B   S A L E S   S T R A T E G Y

영업은 왜 항상 어려울까?
지속적인 성과는 왜 요원할까?

"지피지기 백전불태知彼知己 百戰不殆."

〈손자병법〉 '모공謀攻' 편에 실린 이 경구는 '적군을 알고 아군을 알면 백 번 싸워도 위태하지 않다'는 의미를 지니고 있다. 이는 영업 분야에서도 아주 중요한 전술이다. 진정한 영업기회에 대한 평가의 중요성을 의미하기 때문이다.

이 전략은 '백 번 싸워 백 번 이기는 백전백승百戰百勝'이 아니라 싸우지 않고도 승리하는 전술을 말한다. 그러려면 적의 군내를 굴복시킬 계략을 가져야 하는데, 이때 상대편에게도 전략이 있다는 사실을 간과해서는 안 된다. 즉 서로의 강점과 약점을 면밀히 파악하는 것이 무엇보다 중요하다.

'지피지기 백전불태' 원칙은 B2B 영업 및 마케팅에도 그대로 적용된다. 영업의 본질은 고객과 경쟁사를 이해하는 데 있다. 고객의 필요를 파악하고 이를 충족시킬 수 있는 상품이나 서비스를 적시에 제공해 경쟁사를 압도함으로써 고객의 구매를 유도하는 것이 영업이다. 다시 말해 상호 윈윈Win-Win의 결과를 도출해내는 행위다. 특히 B2B 영업에서 성공하기 위해서는 고객 이해, 관계 구축, 솔루션 제공, 전문성, 커뮤니케이션이 중요하다. 하지만 현실적으로 이 모든 것을 다 잘해낼 수는 없다. 영업 형태에 따른 전략 수립이 중요한 이유다.

B2B 영업이 B2C 영업보다 복잡하다는 선입견에 대하여

/

B2B 영업에서 가장 중요한 것은 영업자 또는 영업 조직이 해당 업무를 수행할 수 있는 능력을 지녔는지 여부다. 아무리 좋은 영업기회라 해도 정작 우리가 그것을 해낼 수 없으면 그것은 기회가 아니라 도리어 큰 실패를 유발하는 원인이 될 수 있다.

예를 들어 공공 프로젝트 경험이 전혀 없는 회사가 무리하게 공공 프로젝트를 수주했다가 납기 기한을 제때 맞추지 못했다고 해보자. 이 경우 지체상금遲滯償金이 부과되어 큰 손해를 볼뿐만 아니라 부정당 업체로 제재를 받게 되어 추후 공공사업에 진출하지 못할 수도 있다.

이처럼 B2B 영업의 핵심적인 요소는 조직 역량을 정확하게 파악하고 이에 기반해 영업기회를 정확히 평가하는 데 있다. 이 부분이 제대로 이루어지지 않는다면 제한된 자원을 낭비하게 된다. 또한 향후 영업기회 제한 그리고 다른 기회의 상실과 같은 부정적인 결과를 야기할 수 있다. 이를 두고 영업 조직 내에서는 좋은 경험 또는 전략적 선택(보통 '수업료'라 한다)이라고 자평할 수 있지만 회사 전체적으로는 분명 리스크다.

그렇다면 왜 이런 시행착오를 반복하는 것일까? 그 첫 번째 이유는, 인간은 위험 앞에서 더 용감해지는 경향이 있기 때문이다. 노벨 경제학상 수상자이자 행동경제학자인 대니얼 카너먼Daniel Kahneman과 아모스 트벌스키Amos Tversky는 불확실성이나 위험을 수반하는 상황에서 인간이 어떤 의사결정 패턴을 갖는지를 연구했다. 그들의 '전망 이론Prospect Theory'에 따르면, 위험을 동반하는 상황에서 인간은 합리적 판단을 하기 어렵고 손실에 대해 비대칭적으로 민감하게 반응한다.

B2B 영업에서 '이번 영업기회에 참여할 것인가?' 또는 '프로젝트를 이대로 계속 진행할 것인가?'라는 중요한 의사결정을 할 때도 마찬가지다. 조직 역량에 비해 부적절한 기회에 노출된 영업 조직은 위험이 내포된 의사결정을 통해 조직의 손실을 가중시킬 수 있다. 따라서 영업기회에 대한 객관적이고 합리적인 평가가 이루어지지 않을 경우 예상보다 훨씬 큰 손실을 초래한다.

두 번째 이유는 B2B 영업이 B2C 영업보다 더 어렵고 복잡하기 때문이다. B2C의 경우 구매자와 수혜자가 동일한 반면 B2B 영업에서는 다르다. 이는 B2B 영업 및 마케팅을 처음 접하는 이들에게 혼란을 줄 수 있다. 일반적으로 B2C 영업에 오랫동안 종사하면서 영업과 마케팅을 동일시하는 경향이 강해진 영업자들은 B2B 영업으로 전향한 후, 고객과의 관계에서 많은 이해 상충의 상황을 겪곤 한다.

한편 B2B 영업은 개인적·사회적·심리적 요인이 복합적으로 작용하는 B2C의 구매 결정과 달리 조직 내에 명확한 역할이 존재하며, 개인이 모인 집단이 조직을 대신해 구매의사결정을 한다. 이런 이유로 영업활동 시 구매의사결정을 유리하게 만들 수 있으므로 어떤 면에서는 B2C에 비해 더 이해하기 쉽다.

고객사 내 담당자들의 역할에 대한 인식 미흡

/

영업 형태에 따른 본질을 파악하는 것만큼이나 중요한 것은 구매의사결정과 관련된 고객사 내부의 역할을 이해하는 것이다. 이는 크게 4가지로 나눌 수 있다.

첫째, 사용자User는 실제 제품이나 서비스를 사용하는 계층이지만 반드시 수혜자는 아니다. 예를 들어 물류센터에서 사용되는 물류추적시스템의 경우, 시스템을 사용하는 현장 근무자가 사용자지만 실제 이익을 보는 것은 경영진이나 기업의 오너다.

둘째, 검토자Evaluator는 제품이나 서비스를 평가하고 경영진에게 권장 사항을 제안하는 역할을 한다. 이들은 상품, 구매, 법무 등 다양한 분야의 전문가로 구성될 수 있으나 항상 중립적이고 객관적인 판단을 하는 것은 아니다.

셋째, 의사결정자Decision Maker는 검토자의 평가 결과를 바탕으로 최종 결정을 내리는 역할을 한다. 이들은 특정 목표를 달성하기 위한 공식적인 의무와 책임을 부여받는다. 마지막으로 승인권자Approver는 하위 결정을 검토하고 승인하거나 반려할 수 있는 권한을 가진 고위 인사들이다. 이들은 신뢰할 만하고 검증된 실적을 가진 부하 직원의 결정을 일반적으로 승인한다.

각 역할에 맞는 가치를 명확히 전달하고, 영업 수주의 가능성을 높이려면 고객사 내부의 4가지 역할을 명확하게 이해하고 영업활동을 하는 것이 중요하다. 다만 최근에는 구매의사결정을 할 때 탑다운Top-down식 영업이 이루어지는 데 한계가 나타나고 있다. 명확한 역할과 책임, 즉 R&RRole&Responsibilities과 일하는 사람의 인식 변화(MZ세대의 가치관) 등의 요인이 작용하기 때문이다.

아래 그림처럼 탑 라인 영업의 영향이 의사결정자 이하로는 직접적인 영향을 미치지 않아야 한다. 그리고 영향력 중복 영역인 믹스드 존Mixed Zone을 구축해 실무 영업과 탑 라인의 영향력

B2B 고객사 내부 역할과 탑&실무 영업의 믹스드 존 구축

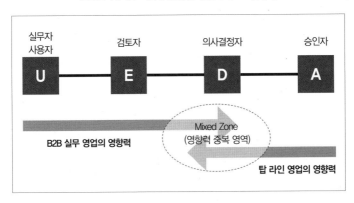

최강 조직을 위한 B2B 영업 특강

이 시너지를 내도록 해야 한다. 이처럼 영향력을 극대화해야만 영업의 수주 가능성 Winning ratio을 높일 수 있다. 다만 B2B 영업의 명확한 R&R은 개인의 복잡한 요인에 의존하는 B2C 영업의 구매 결정과는 다르다. 예기치 못한 상황으로 인한 위험을 최소화하고 영업전략을 단순화해서 명확한 실행으로 이끌 수 있다는 점을 강조해 활용할 필요가 있다.

그렇다면 B2B 영업 시 경쟁자에 비해 확고한 영업 우위를 갖기 위해서는 어떻게 해야 할까? 팬데믹 시기를 지나면서 비대면 영업이 활성화되었고, 온라인이 고객 정보 수집의 도구로 막강한 힘을 발휘하고 있다. 실제 구매의사결정에도 많은 영향을 미친다. 그러나 중요한 결정의 순간에는 대면을 통해 의사결정을 진행한다. 결국 마케팅 강화와 더불어 고객의 경험과 만족도에 집중하는 영업인 H2H Human To Human 관점에서 각 R&R별로 관계를 형성하고 가치를 전달하는 것이 무엇보다 중요하다. 이는 뒤에 나오는 '핵심관계자 파악' 부분에서 보다 자세히 논의할 예정이다.

B2B와 B2C의 차이에 대한 이해 부족이 만들어내는 실패

ICT 솔루션을 기업체에 공급하는 회사에서 일할 때의 일이다. 당시 팀원이었던 한 영업 매니저는 10년 넘게 성공적인 B2C 마케팅 및 영업을 해온 경력을 갖고 있었다. 그 매니저는 B2B 쪽으로도 역량을 발휘하기 위해 국내 굴지의 회사에 스마트폰 단말기와 B2B솔루션을 제공하는 프로젝트를 수행했다. 결론적으로 그 프로젝트는 성공했지만 담당 매니저는 중간에 교체되는 내홍을 겪어야만 했다.

매니저가 교체된 결정적인 원인은 B2C 영업활동을 하면서 익숙해진 업무 스타일 때문이다. B2C는 만나는 모든 사람이 나의 고객이고 그들을 만족시켜야만 매출로 연결된다. 그렇기에 부서와 R&R에 상관없이 모든 고객에게 친절한 것이 가장 우선이다. 고객들의 요구사항을 일단 다 들어주면서 최소한의 응답이라도 반드시 해야 한다. 그 매니저는 이런 업무 습관이 강박관념처럼 내재해 있었다.

그처럼 중요도를 고려하지 않은 채 고객 대응을 하다 보니 정작 프로젝트에서 가장 실질적인 역할을 하는 고객들의 요구사항은 차츰 누락되기 시작했다. 그 결과 해당 고객들에게는 실행력 없는 프로젝트 담당자로 낙인찍히고 말았다. 결국 고객사로부터 프로젝트 담당자를 교체해 달라는 공식적인 요청을 받았다. 이후 새로운 담당자는 최대한 핵심 고객들 중심으로 프로젝트를 진행하면서 명확한 답변을 제시했고, 해당 업무에 전념한 결과 프로젝트를 성공적으로 마무리할 수 있었다.

비즈니스의 선봉장이 된
영업자들의 비결은 무엇인가?

영업은 때때로 '비즈니스의 꽃'으로 미화되고, 성공한 영업 담당자들은 시장에서 주목할 만한 성과를 이루기도 한다. 하지만 이는 소수에 불과하다. 대부분의 영업 담당자들은 매 회계연도마다 힘겹게 목표에 다가가거나 혹은 달성 자체가 불가능한 과도한 목표를 이루기 위해 고군분투하면서 시행착오를 거듭한다.

이처럼 영업 담당자들은 실적에 대한 압박을 강하게 느끼기 때문에 심리적 부담감이 아주 크며 고객들과의 관계에서 오는 스트레스도 상당하다. 그럼에도 성공적인 성과를 이어가는 영업 담당자들의 비결은 무엇일까?

영업 직무에 필요한 2가지 핵심 능력의 조화

영업에서 가장 중요한 2가지 능력은 경험과 직관이다. 경험은 시간 투자에 비례해서 쌓이는 반면, 직관은 타고날 수도 있지만 학습을 통해 일부 개발할 수 있는 능력이기도 하다. 이 두 요소의 서로 다른 특성 때문에 현장에서는 한때 영업에서 뛰어난 성과를 낸 사람도 시간이 지나거나 나이가 들면서 성과가 정체되는 경우를 종종 볼 수 있었다. 영업에서의 경험과 직관이 상호 조화를 이루어야 하는데 점점 더 한쪽에 치우친 접근을 하기 때문에 생기는 현상이다.

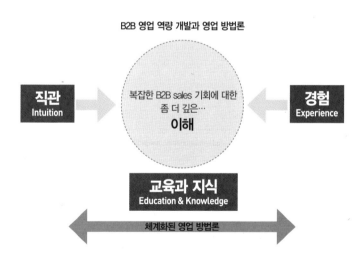

B2B 영업 역량 개발과 영업 방법론

직관 Intuition → 복잡한 B2B sales 기회에 대한 좀 더 깊은… 이해 ← 경험 Experience

교육과 지식 Education & Knowledge

체계화된 영업 방법론

전략적 관점에서 B2B 영업을 추진하고 경험과 직관 같은 무형적 자산을 유형화하고 체계화하기 위해서는 교육과 지식으로 격차를 메워야 한다. 이를 위해서는 체계적인 프레임, 즉 길잡이 같은 존재가 필요하다. 또한 교육을 통해 체화되는 영업에 대한 공감 능력을 키우는 것도 중요하다.

경험과 직관 외에 영업자가 갖추어야 할 또 다른 능력은 무엇일까? 회사의 B2B 영업과 고객과의 약속이 어느 정도 수준에 이르렀는지 정확하게 파악하는 메타인지 능력이다. B2B 영업기회는 영업활동과 직접적으로 연결되어 있다. 통상 영업 분야에서는 특정 고객과 시장에 우선적으로 진입한 플레이어가 유리하다고 알려져 있지만 항상 그렇지는 않다. 그러한 이유로 특정 고객사와 계약이 연속적으로 이어지는 경우는 많지 않다. 기존 고객에게 상품 및 서비스를 반복적으로 제공하는 과정에서 경쟁사가 기술 개발과 같은 혁신을 이루거나 가격 공세를 해올 경우 기존 고객사가 그들(경쟁사)에게 새로운 영업기회를 부여할 수도 있다. 먼저 진입했다고 반드시 경쟁우위를 갖는 게 아니란 뜻이다.

이러한 사실은 영업자들에게 시사하는 바가 크다. 영업의 본질적인 활동이 지니는 성숙도를 분석하고 더 높은 단계로 발전해 경쟁적 우위를 지니기 위해서는 일하는 방식과 관점의 변화를 추구해야 함을 의미한다.

B2B 영업의 단계별 성숙도

/

B2B 영업의 성숙도는 3가지 주요 단계로 나누어볼 수 있다. 첫 번째 단계는 '전술적인 영업'이다. 대부분의 기업은 지금도 이 단계에서 영업을 진행하고 있다. 전술적인 영업 단계는 공급자로서 제품이나 서비스를 판매하는 활동으로 이루어진다.

이 단계 영업은 판매하려는 상품이나 서비스에 국한되기 때문에 공급자는 '특정 요구사항이나 이벤트에 집중'한다. 또한 기술적 우위나 가치 개선을 중심으로 한 '가격 경쟁'에 초점을 맞추는 것이 일반적이다. 결과적으로 고객은 공급자의 상품이나 서비스를 선택할지 말지 고민하게 된다.

두 번째 단계는 '전략적인 영업'이다. 여전히 상품과 서비스 판매를 목적Objective으로 하지만, 이 단계에서는 고객사의 업무 프로세스 개선이라는 관점에서 전략을 수립한다. 이때 공급자는 상품이나 서비스가 고객사의 비즈니스에 어떤 가치를 제공할 수 있는지를 제시한다. 또한 단순히 가격만 고려하는 게 아니라, '고객과 함께 비용 측면에서의 투자 효율Return of Investment, ROI 정당화'를 고민한다.

그 외에 기술의 개선을 넘어 전체적인 시스템 완성의 측면에서 상품이나 서비스를 소개하는 것도 도움이 된다. 이런 접근을 해서 고객이 공급자의 상품이나 서비스를 우선적으로 검토하도록 유도하는 것이다. 그럼에도 정해진 구매 프로세스를 준수하려는 고객의 경향성 때문에 이 부분에 대한 고객 니즈의 정확도를 높이는 영업전략을 펼칠 필요가 있다.

세 번째 단계는 '경쟁력Competitiveness 있는 영업'이다. 이 단계에서는 특정 요구사항이나 프로세스를 넘어 우리 상품이나 서비스를 선택함으로써 고객이 누릴 수 있는 '성과물'에 초점을 맞춘다. 아울러 고객사의 비즈니스와 내부 정치를 포함한 충분한 사전 지식을 바탕으로 재무적 관점에서 가격이나 비용을 넘어서는 가치 제안에 접근한다. 이를 위해 고객사 내 네트워크를 통해 지속적인 메시지를 전달할 수 있어야 한다.

이처럼 경쟁력 있는 영업을 하면서 상품이나 서비스를 성공적으로 제공해 고객이 기대하는 이상의 안정적인 성과를 내는 것은 무척 중요하다. 그런 경우 고객은 기존 구매 프로세스에

얽매이지 않으며, '수의계약' 또는 '업무 범위 확장계약'과 같은 다양한 형태로 우선 구매하는 경향이 있다.

하지만 안타깝게도 대부분의 영업활동은 초기 단계인 전술적인 영업 단계에서 다음 단계로 진화하지 못한다. 고객사에 새로운 영업기회가 생겨도 다시 초기 단계의 영업활동을 하는 경우가 많다. 왜 그럴까? 거래 후 공급자 위주의 사고 전환, 팀과 관련 조직 간 전략의 공유 및 집중 부족, 경영진과의 비효율적인 소통에서 오는 한계 때문이다. 그뿐만이 아니다. 조직 개편과 담당자 교체로 의미 있는 과거 데이터를 축적하지 못했거나, 기존의 강점 또는 네트워크를 활용하지 못하는 문제가 원인이 되기도 한다. 이러한 문제점들 때문에 보다 체계적인 B2B 영업 방법론의 필요성은 더욱 강조될 수밖에 없다.

공급자 지위를 고려한 영업 성숙도 고민하기

/

고객에게 가장 강력한 영향력을 미칠 수 있는 영업 단계인 '경쟁력 있는 영업'에 대해 한 번 더 고민해볼 필요가 있다. 관련해서 한 가지 사례를 살펴보자. 나는 SKT에 재직할 당시 스마트팩토리 컨설팅을 위해 국내 굴지의 철강 가공회사를 방문한 적이 있다. 철강산업은 국가 기간산업으로 고로(용광로)를 보유한 한두 개의 철강 제조사가 독점하는 시장이다.

그런데 철강 가공사들은 공급사 측에 동일한 불만을 갖고 있었다. 불만의 이유는 철강 공급사에서 제품 번호인 '로트 번호LOT Number' 체계를 가공사 시스템에 맞게 변경해주지 않는다는 것이었다. 해당 제품을 철강 가공사의 생산 시스템에 도입하기 위해서는 공급사가 관리하는 로트 번호를 가공사의 조건에 맞게 변경해주는 과정이 필요하다. 공급사가 미리 변경해주면 가공사는 별도의 전산 프로세스를 생략하고 인력 투입 없이 업무를 자동화할 수 있다. 하지만 가공사가 여러 차례 요청했음에도 공급사는 내부 문제를 이유로 거부해왔다.

이 사례에 나오는 공급사의 영업 수준을 제3단계인 '경쟁력 있는 영업'이라고 볼 수 있을까? 아닐 것이다. 시장에서 특정 회사가 독점적인 지위를 누리려면 '공급자의 협상력이 월등하게 우월'해야 한다. 이는 마이클 포터 교수가 제시한 '5가지 경쟁 요인5 Forces' 중 하나다. 다시 말해 공급자가 가격을 높이거나 품질을 조절함으로써 구매기업의 수익성과 운영에 영향을 미칠 수 있는 경우를 말한다. 이는 정상적인 영업활동이 아닌 산업 구조상 우월적 지위를 통해 이루어지는 거래 구조다.

최근의 사례로는 생성형 AI 열풍과 엔비디아의 그래픽처리장치GPU 등을 꼽을 수 있다. 원래 엔비디아는 게임을 빠르게 구동하기 위한 부품인 GPU 사업으로 출발했다. 게임과 동영상 등 화려한 그래픽이 일상화되면서 대량의 데이터를 처리하는 속도가 중요해질 것임을 예측했고, 그래픽 처리장치 개발에 공을 들였다.

2018년, 엔비디아에서 비트코인 채굴 시 복잡한 수학식을 빠르게 풀어주는 제품이 개발되었다. '엔비디아 그래픽 칩 품절 대란'이 일어날 정도로 이 제품은 화제를 모았다. 또한 2022년 등장한 생성형 AI '챗GPT'를 구동하는 데 엔비디아의 GPU가 핵심적인 역할을 한다는 사실이 알려지면서 AI 반도체 시장의 선두주자로 자리 잡았다.

현재는 이러한 독점적인 지위에도 불구하고 인텔이나 AMD 같은 경쟁자들로부터 끊임없이 도전받고 있다. 그뿐 아니다. 일부 전문가는 범용 GPU의 한계와 전력 소모 등의 문제로 새로운 기술방식인 신경망처리장치NPU에 자리를 내줘야 할지도 모른다고 전망하기도 했다.

이러한 도전을 맞아 엔비디아는 지속적인 제품 혁신과 전략적 대응이 필요하다. 영업적인 관점에서는 기존 고객의 숨겨진 니즈를 찾아 이를 충족시켜줌으로써 '경쟁력 있는 영업'을 유지해야 하며, 고객과 함께 성장하는 전략이 필요하다.

체계적인 B2B 영업 방법론의 효과

/

대부분의 경영진은 B2B 영업 프레임과 방법론 도입이 매출 증대에 직접적인 영향을 미치고 신속한 생산성 향상을 가져올 것이라 생각한다. 하지만 그것은 성급한 낙관론이다.

이 프레임의 도입으로 실질적인 매출 성장과 생산성 향상을 이루기 위해서는 사전교육과 시스템에 대한 투자가 필요하다. 무엇보다 영업에 종사하는 구성원들이 이 방법론의 필요성을 스스로 인식해야 하며, 강한 신념을 가져야 한다. 이와 함께 재무·회계·법무·인사 등 관련 부서의 적극적인 협조가 선행되어야 하는 것은 물론이고 구체적인 방법론 교육과 이를 통한 체득화가 이어져야 한다.

그렇다면 체계적인 B2B 영업 방법론을 통해 조직이 얻을 수 있는 이점은 무엇일까? 내가 생각하는 이점은 다음과 같다.

- 영업과 관련된 이슈들을 명확히 파악하고, 이를 근거로 고객사 내부의 핵심 대상에 집중할 수 있다.
- B2B 영업기회에 대한 전체적인 계획을 세우고 세부적인 전략 및 전술을 효과적으로 개발하고 실행할 수 있다.
- 회사 내 다른 관련 팀과 경영진과의 효과적인 소통을 촉진할 수 있다.
- 영업의 방향성을 단순한 방법론에 국한시키지 않고, 전략적인 방향으로 전환할 수 있다.
- 체계화되어 있지 않던 영업정보를 축적함으로써 조직 역량화가 가능하고, 디지털 전환Digital Transformation과 AI 솔루션 도입 시 중요한 데이터가 된다.

B2B 영업 방법론이 조직에 가져다줄 수 있는 이점을 이해했다면 지금부터는 이 방법론의 개요와 구성에 대해 자세히 살펴보고자 한다.

경쟁력 있는
B2B 영업 프레임 5단계

지금부터는 앞서 언급한 내용을 바탕으로 B2B 영업 시 발생할 수 있는 여러 가지 문제들을 해결하기 위해 어떤 방법을 활용해야 할지 살펴볼 차례다. 모든 문제 해결의 방법론이 그렇듯 B2B 영업에서도 단계별로 대응책을 마련해야 한다. 나는 이를 'B2B 영업 프레임'이라고 칭하고, 다음 페이지의 그림에서 볼 수 있듯이 총 5개의 단계로 나누어 B2B 영업의 방향성을 제시하려 한다.

첫 단계에서는 고객가치와 자사 역량 관점에서 냉철하게 영업기회를 판단한 후, 도전할 것인지 아닌지를 결정해야 한다. 그 결과 도전의 가치가 있는 영업기회를 찾아냈다면 두 번째

최강 조직을 위한 B2B 영업 특강

단계에서는 핵심관계자를 파악하고, 세 번째 단계에서는 핵심
관계자와의 소통을 위한 관계전략 방향성을 정해야 한다. 이후
에는 현재 우리가 처한 상황에 기반한 적절한 영업전략을 수립
해서 어떻게 하면 이길 수 있을지 구체적인 전략과 전술을 짜
야 한다. 그것이 바로 네 번째 단계인 영업전략 수립이다. 그다
음에는 효과적인 액션을 취할 단계다. 어떻게 우리의 목표, 즉
영업 수주를 달성할 것인지 로드맵을 구상하고 실행하는 행동
전략 수립 및 실행 단계로 나아가야 한다.

B2B 영업 프레임

제1단계 _ 영업기회 판단하기

첫 번째 단계는 영업기회Sales Opportunity를 명확히 판단하는
방법론이다. 비즈니스 현장에서 영업기회는 '파이프라인Pipeline'

또는 '퍼널funnel'이라 불리며 영업 부서 및 영업 담당자의 매출 달성 가능성을 간접적으로 표현해준다. 즉 잠재적인 판매 또는 수익 창출의 가능성이 있는 상황을 의미한다.

이는 기업이나 영업자가 고객의 필요나 문제를 충족시킬 수 있는 제품이나 서비스를 제공함으로써 수익을 창출하는 잠재력을 발견하는 단계다. 주로 시장의 요구, 고객의 관심, 경쟁사 대비 우위 등 다양한 요소에 기반해 발견된다.

이러한 영업기회를 제대로 포착해야 하는 이유는 이것이 바로 성공적인 영업의 시작이기 때문이다. 이를 통해서 가장 중요한 고객이 누구이며 그들의 비즈니스가 무엇인지 파악할 수 있다. 또한 나와 경쟁하고 있는 업체의 관점에서 기회를 철저하게 분석함으로써 우리에게 가장 중요한 영업기회가 무엇인지를 더 빠르고 효과적으로 선별할 수 있다.

무엇보다 영업의 목적은 수주하는 것이기 때문에 수주 가능성이 가장 높은 기회에 시간과 에너지 자원을 적절히 투입해야 한다.

영업기회에 대한 올바른 평가는 영업 과정에서 여러 가지 의사결정 사항들을 전략적이고 일관되게 적용할 수 있도록 해준다. 나아가 다른 팀들과 효율적으로 소통할 수 있는 상황을 만

최강 조직을 위한 B2B 영업 특강

들어주고 이러한 일련의 과정을 통해 영업기회를 포착하는 정확도(수주 확도 향상)가 높아진다면 해당 영업의 결과치와는 별개로 B2B 영업의 조직 역량이 축적된다고 볼 수 있다.

제2단계 _ 핵심관계자 파악하기

B2B 영업활동에서는 영업기회를 이해하고 이와 관련된 고객사의 핵심관계자를 파악하는 것이 매우 중요하다. 특히 고객의 비즈니스에 기인한 동기Motivation와 기대하는 결과, 다시 말해 의사결정 이벤트Compelling Event를 깊게 이해하는 고객사의 핵심관계자를 중심으로 문제를 논의하고 해결할 수 있어야 한다. 그들에게 고유한 사업가치Unique Business Value, UBV를 제시함으로써 영업 주기를 단축하고 수주 확도를 높일 수 있다.

다만 핵심관계자를 정확히 파악해도 그들에게 접근하는 데 제약이 있다면 관계 형성을 통해 제대로 된 영입활동을 하기까지 많은 시간이 소요된다. 그렇다 해도 핵심관계자가 아닌 주변인들을 핵심관계자로 오인해 영업활동을 하는 경우에 비하면 영업의 성과가 훨씬 더 좋을 가능성이 높다.

핵심관계자를 정확히 파악하려면 반드시 알아야 할 사전정보가 있다. 먼저 고객사의 조직체계와 역할을 이해하고 있어야 한다. 이와 관련해 실제 현장에서 흔히 벌어지는 오류가 있다. 영업 담당자들이 고객사의 담당자 외에 그가 속한 조직과 조직장에 대한 별다른 정보 없이 영업활동에 뛰어든다는 점이다.

상당수의 영업 담당자들이 고객의 조직체계를 명확하게 파악하지 못한 채 오로지 개인과 개인의 관계에 의지해 영업을 하고 있다. 이런 방식의 영업활동으로는 지속적이고 괄목할 만한 성과를 이루는 데 한계가 있다.

영업의 기회를 포착했다면 핵심관계자를 정확하게 파악해야 한다. 이를 위해서는 내가 공략해야 할 고객사의 조직을 파악하고 조직 내에서 내가 만나는 담당자의 위치, 조직의 R&R 그리고 조직의 리더십 등 다양하고 다면적인 이해가 우선시되어야 한다. 또한 조직에 대한 이해를 기반으로 고객사의 사내 정치 상황도 파악해두는 게 좋다. 이는 영업활동 중 벌어지는 예상 밖의 일을 피하는 데 결정적인 역할을 하게 되며, 조직에 대한 고객의 시야를 넓힘으로써 우리의 존재감을 확대할 수 있다.

최강 조직을 위한 B2B 영업 특강

제3단계 _ 관계전략 수립

/

핵심관계자를 파악한 후에는 이들과의 관계전략 수립에 집중해야 한다. '고객이 원하는 핵심 가치를 찾고 이를 이룰 수 있는 제안'은 B2B 영업이 성공하기 위한 핵심 요소다. 하지만 우리가 고객에게 제안하는 핵심 가치를 전달하기 위해서는 핵심관계자를 중심으로 한 H2H 영업이 필요하다.

우선 일하는 문화가 과거 탑다운Top-down 방식에서 P2PPeer to Peer 및 R&R 중심으로 변화하고 있다. 이는 영업활동이 커버해야 할 전선戰線이 확대되었음을 의미한다. 또한 코로나 팬데믹으로 온라인의 영향력이 급부상했다가 다시 그 흐름이 잦아들면서 인간 중심의 문화에 대한 필요성을 새삼 확인한 것도 한 요인이다. 이러한 이유로 B2B 영업에서도 H2H, 즉 '인간 대 인간'의 영업 방법론으로 올바른 관계전략을 수립하고 실행해야 할 필요성이 증대되었다.

다시 말해 영향력을 가진 고객에게 제대로 접근하고 관리해서 우리의 영업전략이 지닌 핵심 가치를 정확하게 전달하는 것이 무엇보다 중요하다는 뜻이다. 관계전략 수립에서는 이 방법론에 대해 구체적으로 살펴볼 예정이다.

제4단계 _ 영업전략 수립

/

　성공적인 B2B 영업을 위해서는 현재 상황을 고려해 '경쟁사를 압도하고 고객의 선택을 받을 수 있는' 영업전략을 수립해야 한다. 이는 '어떻게 하면 이길 수 있는가?'에 대한 구체적이고 세밀한 전략 수립 단계로, 가장 효과적으로 실행할 수 있는 방법을 찾는 게 관건이다.

　B2B 영업활동에서 전략 수립이 중요한 이유는 무엇일까? 고객은 결코 우리를 기다려주지 않기 때문이다. 그들은 언제나 경쟁사들에게도 동일한 기회를 부여한다. 우리가 공급자로서 지배적 위치에 있지 않는 한 고객사에서 영업활동을 할 수 있는 기회는 극히 제한적이다. 그러므로 제한적인 기회 속에서도 경쟁사보다 효율적인 영업활동과 우세한 전략을 활용함으로써 우리의 가치를 제대로 전달해 사업을 수주해야 한다.

　이러한 전략은 영업구성원의 역량에 근거하고, 전략의 실행은 영업자와 고객사와의 첫 만남에서부터 시작된다. 영업 담당자는 고객사에 정확하고 신뢰할 수 있는 정보를 제공해줘야 하며, 고객의 문제를 해결하고 개선해주면서 우리의 영업가치를 궁극적으로 실현시키는 역할을 한다.

제5단계 _ 행동전략 수립 및 실행

／

　고객사의 핵심관계자들을 만나 우리 회사만의 고유한 사업 가치를 효과적으로 전달하기 위해서는 구체적인 영업활동의 목적과 이러한 활동을 지원하는 데 필요한 자원 파악이 급선무다. 이를 바탕으로 다양한 목적의 영업활동을 할 때 행동전략을 명확히 수립할 수 있다.

　이러한 행동전략에서 가장 중요한 것은 특정 행동마다 실행과 관련된 필요 자원과 책임 소재 조정을 명확히 해야 한다는 점이다. 이를 실행하지 않으면 흡사 '고양이 목에 방울을 달자'고 해놓고는 아무도 나서지 않는 형국이 된다. 즉 생각만 하고 행동으로 옮기지 않아서 애써 발굴해낸 영업기회를 제대로 살리지 못할 수 있다. 그뿐 아니다. 제한된 우리의 소중한 영업자원을 효율적으로 사용하지 못해 영업조직과 구성원의 사기가 저하되고, 이에 따른 실적저조의 악순환 때문에 궁극적으로 사업의 실패를 초래하게 된다.

　그래서 행동전략 수립 및 실행 단계에서는 영업팀 내에서 영업활동의 목적에 대한 명확한 정의를 내리는 방법과 생각을 행동으로 효과적으로 옮기는 방법에 대해 제시하고자 한다.

지금까지 'B2B 영업 프레임 5단계'를 간략히 살펴봤다. 제2장부터 제6장까지 체크리스트와 예시를 포함해 5단계 영업전략 각각을 더욱 자세히 살펴볼 것이다.

제2장

영업기회를 발견하고
가치를 확인하는 법
_B2B 영업 프레임 1단계

B2B SALES STRATEGY

영업기회를 판단하는
결정적 기준

　　"비즈니스의 참 목적은 고객을 발
견하고 그것을 유지하는 것이다." 하버드대학교 경영대학원 명
예교수 시어도어 레빗Theodore Levitt의 말이다. 필립 코틀러 이전
에 이미 '마케팅의 아버지'로 불렸던 래빗 교수가 말한 비즈니
스의 목적은 영업 담당자들에게도 그대로 적용된다. B2B 영업
의 진정한 목적도 고객을 발견하는 데서 시작된다. 영업기회의
성공은 곧 기업 성장의 척도이며, 이를 통해 기업의 비즈니스는
작은 강을 지나 드넓은 바다로 나아갈 수 있다.

　　다시 말해 영업의 시작점은 제대로 된 영업기회의 발견에 있
다. 고객사로부터 발견할 수 있는 영업기회는 하나가 아니라 복

합적으로 존재한다. 한 곳의 고객사라 해도 영업 입장에서 다각도로 살펴보면 다양한 영업기회가 복합적으로 존재한다는 의미다. 그러므로 진행하고 있는 여러 가지 영업기회에 대해서는 종합적인 평가를 한 뒤 적합한 전략을 활용해 사업을 발전시켜야 한다.

한 고객사에서 다양한 영업기회를 갖는 것의 의미

특정 고객사에 현재 3가지 서비스(A, B, C)를 공급하고 있는 회사가 있다고 가정해보자. 이 고객사의 잠재적인 영역에 'X, Y, Z'라는 영업기회가 있다면, 향후 이 회사의 영업기회는 공급사에 어떤 의미일까? 여기서 주목해야 할 점은 새롭게 기획되고 있는 잠재적 영업기회가 회사의 '총매출/이익' 관점에서 보면 반드시 긍정적인 것만은 아니라는 점이다.

예를 들어보자. 보안 인력을 중심으로 서비스를 제공하는 공급사가 고객사에게 CCTV 모니터 시스템을 추가로 수주하면 회사의 매출은 일시적으로 증가할 수 있다. 하지만 궁극적으로 기존의 인력 서비스 부문 매출은 감소한다. 이로 인해 신규

CCTV 모니터시스템의 추가 매출까지 상쇄되어 실제로 새로운 CCTV 프로젝트의 기여도는 '0'이 될 수 있다.

이 상황에서 만약 새로운 CCTV 모니터 프로젝트 수주마저 실패하면 실제로 회사의 매출은 '-1'이 된다. 이런 경우에는 CCTV 영업기회를 적극적으로 소멸시키는 것도 선택할 수 있는 전략 중 하나다.

현재 서비스와 잠재적 영업기회의 관계

현재 제공하는 서비스   잠재적인 영업기회

A   **B**   **C**   **X**   **Y**   **Z**

현재	잠재적인 영업기회를 고려
• Z라는 새로운 프로젝트의 매출 기회는 = 1	• 수주 후에 기존 매출 영향 Z = 0 • 기존 서비스 A–C 상쇄 가능성 • X&Y의 기회를 놓칠 수도 있음 • 결론적으로 Z = –1

다른 예를 살펴보자. 새로운 프로젝트는 내용이 동일하지만 X, Y, Z가 전국 세 군데 권역에 배분될 경우, 이 중 하나의 프로젝트를 수주하면 나머지 두 군데 권역의 프로젝트는 진입이 불가능하다는 조건이 있다. 이럴 경우 기존의 고객 관계나 서비스

실적 등을 고려해 과연 3개의 지역 중 어떤 지역에 응찰할지 여부도 진지하게 고민해야 할 상황이 발생할 것이다.

영업기회의
다면성

　　　　　지금부터는 좀 더 복잡한 사례를 갖고 영업기회의 다면성에 대해 살펴보자. A사는 IT 종합서비스 회사다. A사가 고객사에 클라우드 서비스, 애플리케이션 운영 및 유지보수 그리고 운영 전문인력까지 총 3가지 서비스를 제공하고 있다고 하자.

　　최근 A사는 고객사가 경영환경 변화에 따라 업무자동화 솔루션을 도입해 IT 비용 효율화를 높이기 위한 신규 프로젝트를 기획하고 있음을 알게 되었다. 또한 고객사는 향후 6개월 안에 생산 IT 시스템 대개체와 PC 유지보수 서비스의 신규 사업자 선정도 진행할 예정이다.

만약 고객사가 계획대로 프로젝트를 실행해 업무자동화라는 새로운 IT 서비스를 추가한다면 어떻게 될까? A사 입장에서는 인프라 추가 요구사항에 따라 제공 중인 클라우드 용량을 추가하게 될 것이며 관련해서 매출에도 도움을 받을 수 있다. 그러나 업무자동화 솔루션이 도입된다면 IT 운영 인력 서비스는 일부 축소될 수밖에 없다. 다만 애플리케이션의 유지보수 영향도는 변화가 없을 것이다. 만일 A사가 업무자동화 프로젝트 수주 영업을 추진한다면, 기존의 IT 애플리케이션의 유지보수 및 개발 경험이 경쟁사와의 차별점으로 부각되어 영업에는 도움이 된다.

그렇지만 A사가 기존의 서비스와 함께 업무자동화 프로젝트까지 수주한다면 고객사 내부에서는 '특정 공급자에게 IT 솔루션이 집중된다'는 우려를 할 수 있다. 이런 우려 때문에 향후 예정된 사업에 제한을 받는 등의 리스크를 고려해야 할지도 모른다.

만일 PC 유지보수 신규 사업자 선정 프로젝트에 참여하고자 한다면 어떻게 해야 할까? 이는 현재 A사가 제공하는 IT 운영인력 서비스의 사업 확장 영역이므로, 기존 서비스에 대한 고객만족도가 높다면 이 분야 역시 수주에 유리한 고지를 차지할

최강 조직을 위한 B2B 영업 특강

수 있다.

현재 제공하는 서비스/영업기회 그리고 향후 기회와 상관관계

현재 제공하는 서비스

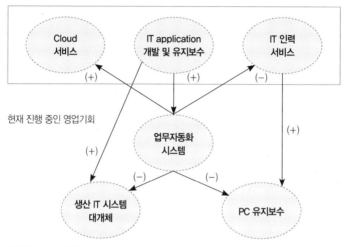

다양한 영업기회를 대하는 올바른 자세

/

　이러한 상황에서 어떻게 영업전략을 짜야 가장 유리한 상황
을 만들 수 있을까? 방향은 둘로 나눠볼 수 있다.

첫 번째는 현재 진행 중인 업무자동화 프로젝트를 적극적으로 추진한다는 전략을 세우는 것이다. 이 경우 기존에 제공 중인 클라우드 인프라 서비스와 IT 애플리케이션 개발 및 유지보수의 성공 스토리를 강조하고, 우리의 서비스에 만족하는 고객사 네트워크를 활용해 차별화를 꾀하면 좋다. 이런 차별점을 강조하고 이어서 PC 유지보수 분야를 신규 수주하면 자사를 고객사 내부에서 업무용 IT 서비스 전문 사업자로 포지셔닝할 수 있다.

두 번째는 생산 IT 시스템 대개체 프로젝트가 매출 및 향후 전략적 관점에서 수주 가치가 있다고 판단된다면, 과감하게 업무자동화 프로젝트를 포기하는 것이다. 이렇게 하면 고객사 내부에서 발생 가능한, '특정 공급사에 IT 솔루션이 집중된다'는 반대 여론을 사전에 차단할 수 있다. 그리고 성공적인 IT 애플리케이션 개발 경험을 토대로 새로운 개발 및 시스템 분야로 확장하는 필승 수주 전략을 펼치는 게 가능하다.

이외에도 다양한 경우의 수를 상정해서 전략을 수립할 수 있다. 앞선 예시에서 볼 수 있듯이 영업기회는 하나의 고객사 내에서도 다양성을 가질 수 있고, 회사의 입장에 따라 다르게 판단될 수 있으며 그에 따른 전략도 서로 다를 수 있다. 그렇기 때문에 B2B 영업 성공은 영업기회에 대한 냉철한 분석과 다양한 관점에 기반한 판단이 그 시작점이라고 봐야 한다.

영업기회를 판단하는 4가지 요소

/

그렇다면 B2B 영업기회는 어디에 주안점을 두고 판단해야 할까? 여기서 가장 중요한 요소는 실현 가능성, 경쟁력, 수주 가능성, 전략적 가치다.

영업기회의 실현 가능성(Feasibility)

현재 노출된 영업기회가 실질적인 기회로 구현될 가능성이 어느 정도인지 다각도로 검토하고 냉철하게 판단해야 한다. 이때 가장 중요한 포인트는 그 기회가 실제 우리가 원하는 기간 안에 매출로 전환 가능한지, 그리고 진정으로 자사에 유리한 기회인지 판단하는 것이다.

영업기회를 구현해낼 경쟁력(Competitiveness)

사과나무에 누구나 탐낼 만한 먹음직스러운 사과가 매달려 있다 해도 내가 수확할 수 없다면 그림의 떡과 같다. 먼저 해당 영업기회를 얻기 위해 우리가 충분한 경쟁력을 갖추고 있는지부터 철저히 파악해야 하며 영업활동을 지속적으로 진행할 수 있는지 여부도 판단해야 한다.

영업기회의 최종 수주 가능성(Winning ratio)

영업기회가 실제적이고 우리의 경쟁력이 확보되었다 해도 기존의 독점적인 공급자나 강력한 신규 경쟁자가 존재한다면 수주 가능성은 낮아진다. 그러므로 외부환경까지 고려해서 수주 가능성 여부를 면밀히 파악해야 한다.

전략적인 가치가 있는 영업기회(Value for future)

해당 영업기회를 수주한 이후, 우리는 어떤 가치를 가질 수 있는지 냉철하게 판단해봐야 한다. 이에 기반해서 영업전략을 수립해야 하는데, 만약 현재의 가치보다 향후 미래가치가 크다면 현재 상황에서는 이익을 최소화하더라고 반드시 수주하겠다는 전략을 수립할 수 있다. 이처럼 당장의 수익이 아닌 미래의 가치를 고려해서 다양한 레퍼런스를 확보하고 큰 그림을 그려보는 것도 전략의 일종이다.

나는 이 4요소들을 '영업기회를 판단하는 4가지 기둥'이라
고 생각한다. 실현 가능성부터 전략 가치를 판단하는 일까지 일
련의 활동들은 우리가 영업 현장에서 일할 때 이미 직관적으로
행하고 있다고 생각할 수 있다. 하지만 체계화되지 못하면 결정
적인 상황에서 실수하거나 리소스의 낭비를 초래해서 결국에
는 공들인 영업기회를 가져오지 못할 수도 있다.

영업기회를 판단하는 4가지 기둥

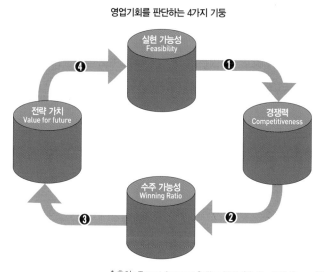

* 출처 : Target Account Selling TM V8.0, The TAS Group, 2006

이런 리스크를 최소화하기 위해 영업실무에서는 MECE라는 관점에 기반해서 영업기회를 검토해야 한다. MECE^Mutually, Exclusive, Collectively, Exhaustive는 '상호 배타적이고 종합적'이라는 의미로 중복과 누락이 없는 상태로 해석된다.

여기서 제시하는 프레임이 다소 반복적이고 지루하게 느껴질 수도 있겠지만, 각종 항목을 빠짐없이 검토해야 할 때 사용하면 아주 유용하다. 영업 단계별로 상황은 수시로 변할 수 있으므로 일회성이 아니라 결정적인 시기에 반복적으로 점검해야 한다. 무엇보다 우리의 입장이 아닌 경쟁사의 입장에서 역지사지易地思之의 자세로 점검해보기를 권장한다. 이는 영업이라는 길고 고단한 여정 속에서 반드시 곱씹어보아야 할 내용이므로 결코 간과해서는 안 된다.

영업기회의 실현 가능성은 어떻게 타진해야 할까?

        영업활동을 하다 보면 수많은 영업기회를 만나게 되는데, 그중 실현되어서 구체적인 성과를 내는 경우는 많지 않다. 일반적으로 대부분의 구매 관련 프로젝트는 초기에 검토를 진행하다가 여러 가지 경영 이슈 또는 각종 내부 사정으로 변경되거나 지연되곤 한다. 또는 프로젝트 범위가 달라지거나 프로젝트가 아예 취소되는 경우도 종종 발생한다. 그래서 영업활동을 할 때는 매 순간 이러한 싱황을 고려하고 확인해야 한다.

  이러한 상황에 대한 사전 대비책을 마련해놓지 않았거나 경쟁자에 비해 인지가 늦을 경우에는 수주 실패뿐 아니라 이에 따른 기회비용 손실까지 떠안아야 한다. 그러므로 영업기회의 실현 가능성을 타진하는 것은 매우 중요하다. 이를 위해서는 총 5가지 영역별로 항목을 선정해 꼼꼼히 점검해야 한다.

제1영역 _ 고객 프로젝트에 대한 이해

고객이 가장 필요로 하는 제안을 하고, 나아가 신뢰를 얻기 위해서는 가장 먼저 해당 프로젝트의 목적을 파악해야 한다. 이러한 준비 없이 영업활동을 한다는 것은 적군의 전력 파악조차 하지 않고 전쟁에 뛰어드는 격이다. 영업기회를 파악하기 위해 가장 먼저 해야 할 일은 고객의 프로젝트를 이해하는 것이다. 프로젝트의 목적을 보다 체계적으로 파악하려면 다음 4가지 체크리스트를 기반으로 해서 판단할 수 있다.

Check List ❶ 고객의 요구사항(최종 목표)은 무엇인가?

해당 프로젝트를 통해 고객이 추구하는 최종 목표를 구체적이고 명확하게 그릴 수 있어야 한다. 그렇지 않으면 고객이 원하는 완벽한 제안을 할 수 없고, 영업활동 중간에 고객 요구사

최강 조직을 위한 B2B 영업 특강

항에 대한 이해 부족으로 고객이 원하는 바와 멀어진다. 그렇게 되면 궁극적으로 고객의 신뢰를 잃어서 프로젝트가 경쟁사에 유리한 방향으로 흘러갈 수도 있다.

Check List ❷ 고객의 핵심 이슈와 목표를 연결할 수 있는가?

고객이 프로젝트를 통해 원하는 것과 고객사가 현재 처해 있는 내부 이슈를 제대로 연결할 줄 알아야 한다. 예를 들어 보안 시스템을 강화하는 프로젝트를 진행한다고 해보자. 이의 배경이 되는 이슈와 목표를 '신제품 개발이 임박했을 때 우려되는 외부 유출을 사전에 차단할 수 있다'는 것과 연결시킬 수 있다. 만약 주요 이슈가 여러 개라면 각 이슈별로 목표를 도출하고 연결해야 한다.

고객의 내부 이슈와 목표를 제대로 파악하면 그들이 원하는 가치를 제안할 수 있으며, 경쟁사보다 유리한 고지를 선점할 수 있다.

Check List ❸ 고객사 프로젝트 핵심인력은 누구이며, 소통 가능한 내부인력은 누구인가?

고객사 프로젝트를 진행하는 핵심인력을 파악하고 있는지

확인해야 한다. 프로젝트의 방향성 및 위험 요소를 파악하는 방법은 여러 가지다. 그중에서 가장 확실한 방법은 인맥 네트워크를 이용해서 파악하는 것이다. 해당 프로젝트의 핵심인력과 긴밀히 소통할 수 있는 우리 회사의 내부 구성원은 누구인지도 같이 파악해야 한다.

Check List ❹ 프로젝트와 고객의 사업전략을 연결할 수 있는가?

프로젝트만의 주요 이슈와 별도로 고객사의 전사적인 사업전략과 해당 프로젝트를 연결할 수 있는 접점을 확인해야 한다. 이는 고객이 왜 우리를 선택해야만 하는지에 관한 강력한 동인이 될 수 있다.

예를 들어 보안시스템 강화 프로젝트가 단순히 신제품의 정보를 보호하는 문제만이 아닐 수 있다. 정보 보호를 넘어 신제품의 생산시설 증설과 향후 개발된 신제품이 고객사의 미래 전략과 연계된다는 사실을 알게 되었다고 가정해보자. 이럴 경우 우리의 상품과 서비스를 고객의 사업전략과 연결한다면, 실무 레벨을 넘어 'C레벨'에게 가치 제안이 가능한 수준으로 확대된다.

제2영역 _ 고객의 사업에 대한 본원적인 이해

/

영업 직군에 있는 사람들은 고객에 대한 이해도가 높아야 한다. 하지만 의외로 내가 팔고자 하는 상품과 서비스에 대한 지식에 비해 고객의 사업의 본질, 성향과 니즈는 면밀하게 파악하지 못한 채 영업활동을 하는 이들이 많다. 이런 영업자들은 고객과의 비즈니스 미팅 시 고객이 듣고 싶은 이야기보다는 자신이 하고 싶은 이야기 위주로 전개하는 경향이 강하다. 당연히 고객은 흥미를 잃고 만다. 고객에 대한 사전 조사와 공부는 영업자들의 필수 의무사항이다.

내가 BT에 근무할 때의 일이다. 당시 영업 부문 임원이 영업사원들에게 이런 제안을 한 적이 있다. "당신이 담당하고 있는 고객사의 주식을 단 한 주라도 사보세요. 그 순간부터 그 회사의 주주가 됩니다. 그러면 이전보다 고객사에 대해 더 깊은 관심을 갖게 되고 더 열심히 공부하게 됩니다."

그 임원의 제안은 고객의 미래 비즈니스 방향성도 파악하라는 의미였다. 주가는 매출이익 등 단기간의 퍼포먼스가 반영될 뿐만 아니라, 미래 가치에 대한 선반영이 이루어지기 때문에 주주가 되면 고객사의 미래 전략에 대한 이해도를 높일 수 있다.

이처럼 영업 담당자가 고객사와 좀 더 지속적이고 전략적인 협업을 하기 위해서는 해당 프로젝트뿐 아니라 현재와 미래의 사업전략에 대한 본질적인 이해가 전제되어야 한다.

Check List ❶ 고객사의 주력 서비스와 상품은 무엇인가?

영업기회의 실현 가능성을 타진하기 위해서는 고객사의 핵심 서비스나 주력 상품에 대한 이해가 필수다. 최근에는 고객사의 사명社名만으로는 핵심 비즈니스가 무엇인지 파악할 수 없는 경우가 많다. 예전에는 회사명이 업業의 정체성을 명확히 설명해주었지만 요즘에는 그렇지 않은 경우가 많기 때문이다. 예를 들어 ○○온, ○○에너빌리티, ○○에코플랜트 등과 같은 회사만 해도 그렇다. 사명만으로는 주력 사업이 무엇인지 파악하기 어렵다.

그러므로 고객사의 근본적인 비즈니스 모델에 대한 이해가 필수다. 최근 기술이 획기적으로 발전하고 있는 생성형 AI 기반의 도구를 활용해 고객사를 파악하는 것도 효과적이다. 증권사 등 외부 리서치 기관의 리포트 또는 금융감독원에서 운영하는 전자공시시스템DART(https://dart.fss.or.kr)을 활용하는 전통적인 방법도 있다. 기업이 직접 제출한 보고서를 활용해 고객사의 주력 서비스, 상품에 대한 시장의 반응, 경쟁사 대비 우위 요소 등을 분석해도 좋다.

Check List ❷ 고객이 지향하는 주요 시장은 무엇인가?

고객사가 지향하는 시장의 종류를 간단하게 구분하자면 B2C, B2B, B2B2C 등이다. 다만 여기서는 고객이 지향하는 구체적인 고객군을 명확히 파악해볼 필요가 있다. 고객가치라는 관점에서 솔루션을 제공하는 것이 B2B 영업의 핵심이라면, 우리가 제공하는 서비스 및 솔루션에 고객의 고객을 이해하고 공략하는 방안을 직간접적으로 담아낼 수 있다. 그것이 궁극적으로 고객의 비즈니스에 도움이 된다면, 우리가 '을'이라는 고정관념을 바꿀 수 있다. 오히려 갑을 주도하는 이른바 '슈퍼 을'이 될 수도 있지 않을까? 또한 향후 우리 회사가 고객의 고객을 공략하는 '파생 시장'으로 진출할 수 있도록 교두보를 확보하는 계기가 될 수도 있다.

Check List ❸ 고객의 주요 고객과 경쟁사는 누구인가?

고객의 비즈니스 프로파일을 이해할 때는 그들이 지향하는 시장과 더불어 가장 중요하게 생각하는 고객군도 파악해야 한

다. 만약 고객이 B2C를 지향한다면 마케팅 STP ^{Segmentation,}
Targeting, Positioning 관점에서 그들의 타깃 고객을 이해해야 한다.
그리고 B2B 또는 B2B2C를 지향한다면 그들의 주요 고객사를
파악함과 동시에 시장을 확장할 수 있는 전략까지 조언할 수
있어야 한다. 그뿐만이 아니다. 고객 경쟁사의 동향 파악을 통
해 현재 우리가 영업하는 고객에게서 새로운 기회를 창출할 수
있다. 더불어 우리의 위치를 공고하게 전환함으로써 우리 회사
의 영업기회를 보다 단단하게 다질 수 있다.

내가 스웨덴 통신장비 회사에 근무하던 시절의 일이다. 그때
담당하고 있던 국내 2위 이동통신사가 2G^{CDMA1x}망을 구성할
때 주로 사용하던 장비가 아닌 새로운 벤더의 장비를 대규모로
도입한다는 사실을 알았다. 이유가 궁금해서 담당자에게 바로
확인했다. 그 결과 당시 국내 1위 통신사가 망 구성을 위해 특
정 회사의 장비를 대규모로 도입하자 2위 통신사도 동일한 장
비를 대규모로 구입했다는 사실을 알게 되었다. 아마도 해당 벤
더의 영업사원은 1위 통신사의 레퍼런스를 적극적으로 영업에
활용했을 것이다.

이처럼 고객의 경쟁사를 이해하고 그들의 동향까지 파악한
다면 영업적으로 큰 가치를 제공할 수 있다. 경쟁사 분석도 AI

도구를 사용하면 얼마든지 가능하다. 고객사의 주요 경쟁사 및 그들의 전략, 시장 점유율, 강점 및 약점 등을 분석할 수 있다.

Check List ❹ 고객 사업의 내외부적 중요 사안은 무엇인가?

영업활동을 할 때는 고객이 내외부적으로 진행 중인 프로젝트의 중요 사안이 무엇인지 면밀한 검토하고, 그 배경을 심도 있게 고민해야 한다. 예를 들어 생산시설을 증설하는 프로젝트가 진행되고 있다면, 증설의 이유를 다각도로 찾아내는 노력을 기울일 필요가 있다. 단순히 신규 고객 확보에 따라 생산 용량을 늘리는 프로젝트인지, 아니면 외부적 요인인 원자재 가격 상승을 예상해서 취한 조치인지, 경쟁사의 추격 때문인지 알아내야 한다. 이 역시 생성형 AI 도구를 활용하면 고객사 및 관련 산업의 주요 이슈, 사업의 위험과 기회 등을 우선적으로 식별하는 데 도움이 된다.

제3영역 _ 고객의 재무 상태 및 성과지표 이해

우리의 서비스와 제품을 영업할 수 있는 기회 여부는 고객사의 재정적 여유에 달렸다고 해도 과언이 아니다. 그래서 고객의 재무 상태를 파악하는 게 중요하다. 이를 위해서는 최소 3년 정도의 기간을 설정해서 관련 정보를 수집해야 한다. 특히 매출 및 이익, 자산의 증감과 현금흐름의 변화, 특정 비용의 증감 등에 주목해서 재무 상태를 분석하길 권한다.

내가 대기업 계열사 대표로 재직하던 시절에 한 영업사원이 이런 보고를 해왔다. "특정 가망 고객사에서 고가의 보안 서비스 견적을 요청했는데 그 회사가 이걸 쓸 만한 상황인지 아닌지 잘 모르겠습니다." 이는 영업 담당자가 고객사의 재무 상태를 제대로 파악하지 못하고 있음을 단적으로 보여주는 예다.

이후 나는 고객이 전기차의 핵심 부품을 만드는 업계 선두 기업이자 재무 상태가 상당히 탄탄하다는 사실을 알게 되었다. 당연히 영업전략도 이러한 팩트에 기반해 수정해야 한다. 이 경우에는 고객사에 프리미엄급 보안 솔루션을 제공하자는 전략을 수립할 수 있다. 보안 사고가 나면 천문학적인 손해를 볼 수 있다는 점을 강조하면서 이를 미연에 방지하기 위한 보안 솔루션을 갖추라고 제안하는 것이다.

반면 재무 상태가 열악한 고객이라면 비용 절감에 중점을 두어야 한다. 그렇다면 신규 프로젝트보다는 현재 제공하고 있는 서비스에 새로운 요구사항을 반영해 비용 효율적인 방향으로 제안하는 것이 바람직하다. 만약 기존 고객이라면 마진을 일부 희생하더라도 재계약을 통해 고객과의 신뢰를 강화하는 게 좋다. '어려울 때 도움을 주는 진정한 파트너'라는 이미지를 각인시켜야 한다는 걸 잊지 말자.

이러한 선의는 장기적 관점에서 더 큰 보상으로 돌아올 수 있다. 신규 프로젝트에 참여할 기회를 얻을 수 있기 때문이다. 이처럼 고객사의 재무 상태를 파악하는 일은 영업전략 수립에 있어 아주 중요한 전제 조건이 된다.

그런데 이제는 재무 보고서를 만들고 검토하는 일도 AI로 자동화되는 분위기다. AI가 관련 데이터를 취합해서 자동으로 재무 리포트를 제공하고, 회사의 수익과 비용 계산 분석까지 해주며, 심지어 기업의 상황과 목표에 맞는 재무 자문도 해준다. MS가 공개한 '코파일럿 포 파이낸스Microsoft Copilot for Finance'는 자금 흐름을 시각화해 직관적으로 분석할 수 있는 툴로, 그 대표적 예다.

이런 흐름을 이해하고 영업 담당자들도 고객사뿐 아니라 경쟁사의 재무 정보를 파악하는 데 참고하면 어떨까 싶다.

Check List ❶ 고객의 매출과 이익의 추세를 파악하고 있는가?

최소 3년 내 고객사의 재무성과와 매출 및 이익 추세를 분석해야 한다. 분석 결과 매출과 이익의 추세가 전반적으로 우상향하고 있거나, 추후 폭발적인 증가세가 예상될 때는 프리미엄급 제안이 가능하다. 반면 매출과 이익의 추세가 꺾이고 있다면 투자 또는 비용의 최적화 관점에서 제안 전략을 수립해야 한다. 이 부분도 아주 규모가 작은 중소기업이 아니라면 앞서 언급한 AI 도구나 전자공시시스템의 도움을 받아 쉽게 파악할 수 있다.

Check List ❷ 동종업계 대비 고객의 재무 상태는 어떠한가?

고객의 재무 상태를 파악할 때는 동종업계와 비교해볼 필요가 있다. 동종업계 대비 우수한 재무 상태를 보유하고 있다면 롱 텀 전략에 따른 로드맵을 수립해서 단계적으로 전략을 제안하는 방식을 수립해볼 만하다. 반면 동종업계 대비 열악한 재무 상태라면 최소한의 필요만 충족시킬 정도의 서비스와 솔루션을 중심으로 단품 위주 제안전략이 유용하다.

이때도 생성형 AI 또는 업계 현황 등의 자료를 활용해 업계 평균 대비 고객사의 재무 상태를 분석하고 강점과 약점을 파악해보자. 고객사의 재무 건전성 및 투자의 우선순위에 대한 인사이트를 얻을 수 있다.

Check List ❸ 고객의 재무 추세를 전망할 수 있는가?

고객의 자산 및 현금흐름의 증감에 주의를 기울여야 한다. 특히 미래의 이윤을 창출하기 위해 지불한 자본적 지출인 CAPEX^{Capital Expenditures}와 현금흐름 관점에서의 각종 운영비용인 OPEX^{Operating Expenditure}에 대한 내용을 간접적으로라도 알고 있으면 고객사의 현금흐름을 파악할 수 있다. 이를 바탕으로 구매 혹은 구독형 모델 중 적절한 것을 솔루션으로 제안해 영업기회의 실현 가능성을 높여보자.

Check List ❹ 고객의 핵심성과지표를 이해하고 있는가?

고객사의 해당 부서와 협상할 때는 실무부서의 핵심성과지표인 KPI^{Key Performance Indicator}에 대한 이해가 선행되어야 한다. 영업활동 시 반드시 확인해두자. 예를 들이 구매부서와 협상할 때는 비용절감 KPI, 실무부서와 협상할 때는 효율성 및 기능 중심 KPI를 인지하고 있으면 좋다. 그러면 이 둘 사이에서 가장 적절한 제안을 해낼 가능성이 높다.

제4영역 _ 고객사 프로젝트 예산의 가시성

/

프로젝트를 준비하는 과정에서 담당자가 중요하게 관리하는 영역 중 하나는 예산 관리다. 프로젝트의 성과는 예산 및 집행 관리 프로세스가 얼마나 정교하고 예측 가능한지 여부에 달렸다고 해도 과언이 아니다.

이는 프로젝트를 제안하는 영업자 입장에서도 마찬가지다. 고객사가 예정된 프로젝트에 어느 정도의 금액을 예산으로 배정해놓았는지는 영업전략의 방향을 좌우하는 중대한 사안이다. 만약 고객사가 예산을 사전에 배정해놓지 않았다면, 해당 영업기회를 실현할 가능성이 적거나 기간이 길어질 수 있으므로 그에 따른 대안을 마련해야 한다.

또한 고객사가 예산을 배정해놓았지만 이를 다른 용도로 전용할 가능성이 있는지도 타진해봐야 한다. 이는 영업의 리스크를 줄이는 데 있어 중요한 요소다.

Check List ❶ 프로젝트를 위한 예산 편성 여부를 확인했는가?

고객사가 진행 예정인 프로젝트 예산을 경영계획에 반영했는지 아닌지를 확인해야 한다. 미반영되어 있다면 영업기회를 실현할 가능성이 적기 때문에 전략의 방향도 바꿀 필요가 있다.

Check List ❷ 예산 집행 과정에 대한 이해 및 영향력 가능성을 파악했는가?

고객사 경영계획에 관련 프로젝트의 예산 항목이 편성되어 있다고 해도 실제 예산이 집행되는 과정에 대한 이해도가 낮으면 효율적인 영업을 하기 힘들다. 또한 우리의 영업활동이 예산 집행 과정에 영향력을 미쳐서 영업에 유리한 방향으로 이끌 수 있는지 여부도 확인해야 한다.

Check List ❸ 고객사 내 우선순위 프로젝트가 존재하는가?

현재 우리가 수주를 원하는 프로젝트에만 관심을 가져서는 안 된다. 그 외에 우리의 프로젝트에 영향을 줄 수 있는, 고객사 내부에 우선순위가 높은 프로젝트가 존재하는지 여부를 확인해야 한다.

Check List ❹ 예산 편성 취소 및 전용의 가능성을 확인했는가?

현재 시장 동향 및 고객 내부 사정을 면밀히 관찰해 예산 편성의 변동성을 예측해봐야 한다. 만약 과거에 이런 사례가 있었다면, 우리가 제안할 프로젝트의 예산이 변경될 수 있는 가능성도 종합적으로 판단해볼 필요가 있다.

제5영역 _ 고객사 내 결정적 의사결정 이벤트

/

고객의 사업 개요를 이해하고 현재의 비즈니스 활동을 관찰하다 보면 사업 동인Business Driver을 파악할 수 있다. 그러다 보면 우리의 입장에서 영업기회라 말할 수 있는 고객의 비즈니스 액션이 보이기 시작한다.

가령 해외 자동차 회사에 핵심부품을 제공하는 업체가 있다고 해보자. 원자재는 많은 부분을 수입에 의존하고, 생산은 국내와 해외 생산기지 양쪽에서 가능하다. 다음 해에 원화 환율 강세가 예상되는 상황에서 이 회사가 취할 수 있는 비즈니스 액션은 무엇일까?

해외 자동차 회사를 주요 고객으로 하는 부품 생산 회사 입장에서 원화 강세에 따른 원자재 수입 가격 인하는 강력한 사업 동인이 될 수 있다. 반면 국내 인건비, 외주비 등의 비용이 상대적으로 증가해 납품가에는 오히려 부정적인 영향이 예상

된다. 이 경우 이 회사가 선택할 수 있는 비즈니스 액션은 두 가지 정도다. 본격적인 환율 강세가 이어지기 전에 연간 물량을 조기에 생산하는 전략을 실행하는 것이다. 또는 인건비 및 비용의 영향이 덜한 해외 생산기지의 물량 증산을 계획할 수도 있다.

이 목표를 실현하기 위해서는 고객 입장에서의 '결정적 의사결정 이벤트'가 있어야 한다. 그 결과에 따라 이 회사를 영업의 대상으로 하는 공급자 입장에서 사업기회를 구체화할 수 있다. 컴펠링 이벤트, 다시 말해 '결정적 의사결정 이벤트'는 고객 입장에서 사업을 성공적으로 이끌기 위해 반드시 해야 할 중요한 일을 의미한다. 그리고 여기에는 '언제까지, 무엇을, 왜 결정해야 하는가?'도 포함되어 있다.

이처럼 중대하고도 결정적인 의사결정 이벤트가 고객사 내부에 존재한다는 것은 어떤 의미일까? 공급자로서는 새로운 사업에 참여할 수 있는 절호의 기회다. 동시에 관련 영업기회의 실현 가능성을 알리는 가장 강력한 신호다.

그런데 결정적 의사결정 이벤트와 관련한 핵심사안을 인지하는 것은 쉽지 않다. 나 역시 영업 교육을 통해 숙달되었다고 생각했지만, 막상 실제 상황에서는 판단이 어려웠다. 그래서 5가

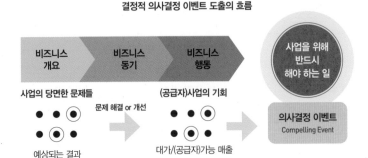

결정적 의사결정 이벤트 도출의 흐름

비즈니스 개요 → 비즈니스 동기 → 비즈니스 행동 → 사업을 위해 반드시 해야 하는 일

사업의 당면한 문제들 (공급자)사업의 기회

문제 해결 or 개선

예상되는 결과 대가/(공급자)가능 매출

의사결정 이벤트 Compelling Event

지 체크리스트를 만들었고, 그중 최소 4개의 질문에 답할 수 있다면 이는 결정적인 의사결정 이벤트라는 확신을 갖게 되었다.

Check List ❶ 고객은 이 프로젝트를 왜 해야 할까?

해당 프로젝트가 고객의 비즈니스 전반에 지니는 의의와 목표를 명확히 인식할 수 있어야 한다.

Check List ❷ 프로젝트 실행을 위한 의사결정 기한을 확인했는가?

결정적 의사결정 이벤트와 관련된 프로젝트는 정해진 기한 안에 마무리하는 것이 중요하다. 그러므로 고객사의 결정 기한이 존재하는지 여부와 그에 따른 긴급성을 인지하고 있어야 한다.

최강 조직을 위한 B2B 영업 특강

Check List ❸ 프로젝트 지연 시 예상되는 결과는 무엇인가?

고객사 입장에서 프로젝트가 제대로 실행되지 않았을 경우의 리스크를 정량적·정성적으로 살펴봐야 한다.

Check List ❹ 기간 내 프로젝트 완료 시 예상되는 대가는 무엇인가?

프로젝트를 성공적으로 완료했을 때 고객사 입장에서 예상되는 사업적 이익과 그 결과도 명확히 인식하고 있어야 한다.

Check List ❺ 프로젝트가 고객 비즈니스에 미치는 영향은 무엇인가?

해당 프로젝트가 실행되었을 경우 고객사의 비즈니스 전반에 어떤 영향을 미칠 수 있는지 인지하고 있어야 한다. 이러한 영향을 구체적인 수치로 측정할 수 있다면, 특정 이벤트나 프로젝트 실행이 고객사의 비즈니스에 미칠 영향을 정량적으로 분석할 수 있다. 나아가 보다 명확한 가치 제안을 할 수 있다.

앞서 언급한 자동차 부품 회사의 사례로 해당 체크리스트를 모두 점검해보면 다음과 같다.

① 고객사가 해당 프로젝트를 진행하는 이유는 원화 강세장에서 수익성의 영향을 최소화하기 위함이다.

② 내년 상반기에 증산하려는 목표 또는 해외 생산기지로 생산 물량 조정이 있다면 금년 내에 의사결정을 해야 한다.

③ 만약 비즈니스 액션 없이 고객사 오더에 맞춰 평소대로 생산한다면, 원화 강세로 리스크를 안을 수 있다. 즉 원화 비용지출과 관련된 비용이 상대적으로 증가해 수익성이 악화될 수 있다.

④ 내년 상반기에 증산하거나 해외로 생산을 전환한다면 하반기 원화 가치 상승에 따른 영향을 최소화할 수 있다.

⑤ 내년 매출 및 이익 목표 달성이 가능할 것이다.

위의 항목에 모두 답변이 가능하다면, 이러한 결정적 의사결정 이벤트는 필연적인 비즈니스 액션이 따른다. 그리고 이와 관련된 영업자 입장에서는 영업기회를 획득할 가능성이 상당히 높아진다. 만약 영업자가 국내 생산 관련 인력을 아웃소싱하는 회사라면 증산 기간에 필요한 생산 인력과 필요한 제반 조치를 고객사에 선제적으로 제안해서 입찰 없는 수의계약을 목표로 영업을 진행해볼 수도 있다.

만일 영업자가 해외 생산기지에 솔루션 또는 서비스를 제공하는 회사라고 해보자. 이 경우 해외 지사 또는 현지 지원 인력을 통해 해외 생산기지가 속한 국가의 환율 및 경제 상황을 알아봐야 한다. 이를 토대로 국내 생산 대비 물류비 등을 고려해 해외 생산기지로 이전하는 것이 최선의 안이라는 것을 제시하고, 고객을 먼저 설득해야 한다.

그 후 영업자가 공급하는 솔루션이나 서비스가 해외 생산기지 이전의 리스크를 어떻게 줄일 수 있는지 그 '가치'를 선제적으로 제안해야 한다. 그렇게 함으로써 해외 생산기지 이전에 따른 자사의 솔루션 및 서비스를 경쟁 없이 수주하는 전략을 세울 수 있다.

우리의 내부 경쟁력을 구체적으로 파악하는 법

기업의 내부환경과 외부환경을 분석해 경영전략을 수립하는 기법 중 가장 대표적인 것은 SWOT 분석이다. SWOT은 강점strength, 약점weakness, 기회opportunity, 위협threat을 의미한다. 이 중 강점과 약점은 자사의 경영자원, 즉 내부환경 요인을 평가하는 것이고, 기회와 위협은 경쟁·고객·거시적 경영환경 등 외부환경에서 비롯되는 요인이다.

SWOT 분석은 영업기회를 판단하는 단계에서 우리의 경쟁력 여부를 확인할 때도 활용된다. 이러한 SWOT 분석과 함께 영업기회를 실현시킬 수 있는 경쟁력을 보유했는지 여부는 어떻게 하면 구체적이고 심도 있게 확인할 수 있을까? 이 과정도 실현 가능성 판단하기와 마찬가지로 총 5개의 영역으로 나누고 각 영역마다 4~5개의 항목에 기반해 점검해볼 수 있다.

제1영역 _ 고객의 구매 동인 및 프로세스의 이해

영업조직의 경쟁력은 여러 요소로 구분해볼 수 있다. 그중한 가지가 고객의 구매기준과 프로세스를 얼마나 정확히 이해하고 있느냐 하는 것이다.

Check List ❶ 고객의 구매의사결정 기준은 무엇인가?

고객사가 프로젝트를 담당할 업체를 선정하기 전에 요구사항을 정리해 전달하는 문서가 제안요청서Request for Proposal, RFP다. 그런데 치열한 B2B 영업 현장에서는 고객이 제안요청서를 기획하는 단계, 즉 작업하는 과정에서 그들의 의사결정 기준을 자신들에게 유리한 쪽으로 전환해 수주에 성공하는 경우를 종종 볼 수 있다.

수주 영업 위주의 B2B 시장에서는 이 방법이 타사 대비 경쟁우위를 확보하는 최선의 방법으로 인식된다. 하지만 의사결정 기준에 영향력을 줄 정도의 경쟁력이 없는 후발 주자라 하더라도 구매기준에 대한 명확한 이해와 차별적인 전략 수립을 통해 수주하는 경우를 쉽게 찾아볼 수 있다. 반대로 기존의 공급자라 하더라도 고객의 구매의사결정 기준에 대한 기본적인 이해도 없이 영업활동을 하면, 내부자원을 낭비하고 수주까지 놓치는 경우도 있다.

이러한 사유로 실주失注를 하는 경우 더 큰 문제는 실주 보고를 할 때 사유를 단순히 '사전영업 부족'으로 정리한다는 점이다. 이렇게 정리하면 정확한 사유를 유추하기 어렵다는 것이 문제다. 조직 입장에서 구체적인 책임 소재 및 개선의 기회를 가질 수 없는 대표적 케이스다. 이런 행태가 반복되는 조직은 경쟁력이 향상되지 않을뿐더러 구태한 조직문화가 굳어진다. 시장 진입 장벽이 점점 높아지고 있는 B2B 영업 현장에서 이런 조직은 살아남기 어렵다.

Check List ❷ 고객의 공식적인 구매 프로세스를 알고 있는가?

고객사의 제안요청서에는 프로젝트의 주제와 목적, 운영방안과 기대효과 등 프로젝트 전반에 대한 내용이 포함되어 있다. 고객의 구매 프로세스는 현업부서에서 제안요청서에 반영될 내용을 구체적으로 작성해서 구매부서로 이관한 후, 현업부서와 구매부서가 하나의 팀이 되어 공급사의 제안서를 평가하는 과정이라고 볼 수 있다. 실제 영업활동을 할 때는 사전에 제품 및 서비스의 소요를 예상한 후, 제안요청서를 작성하기까지의 과정에 대한 상세한 이해가 필요하다. 또한 단순히 알고 있는 차원이 아니라, 그 과정에서 구체적으로 어떤 액션을 취해야 수주 가능성을 높일 수 있는지를 파악할 수 있어야 한다.

Check List ❸ 구매 선택 시 우선순위를 파악할 수 있는가?

고객사의 구매기준은 여러 가지가 있다. 예를 들어 가격, 솔루션, 서비스의 적합성, 관리 및 유지보수의 편의성 등 다양한 구매 선택 기준이 존재한다. 영업기회의 실현을 위해서는 이 기준에 대한 이해를 바탕으로 고객이 원하는 우선순위를 구분할 필요가 있다. 중요도별로 최소 3가지 이상의 우선순위를 이해하고 관련 대응 방안을 마련해야 한다.

Check List ❹ 구매기준을 정하는 부서에 대한 이해도가 높은가?

고객사의 구매기준은 현업부서의 의견을 반영하여 최종적으로 구매팀이 작성하는 경우가 대부분이다. 현업에서는 해당 제품 및 서비스를 사용하는 직원과 유관 부서의 다양한 의견을 수용해 최종적으로 제안요청서에 담아낸다. 그렇다고 해서 구매팀을 단순히 고객사의 구매기준을 작성하는 부서로만 이해하면 큰코다친다.

기술과 서비스 관련 요구사항은 대부분 현업에서 도출되어 구매부서로 전달되지만, 기업의 철학 및 문화를 반영한 구매기준은 구매부서가 직접 작성하기 때문이다.

내가 대기업 보안 계열사에서 대표로 재직할 당시 우리 회사의 서비스에 대한 특정 고객사의 만족도가 높았다. 실제 서비스 수준협약Service Level Agreement, SLA 설문조사에서도 높은 점수를 기록했으며, 현업 담당자들과의 관계도 아주 원만했다. 그래서 재계약이 무난히 진행될 거라는 보고를 받았다. 결과는 어땠을까? 예상을 완전히 빗나갔다. 경쟁사에 참패를 당해 재계약에 실패하고 만 것이다.

당시 계약 연장에 실패한 이유는 무엇이었을까? 경쟁사가 우리 회사와 돈독한 관계를 유지하고 있던 현업 담당자가 아닌 구매팀을 공략하면서 결정적인 제안을 한 탓이다. 제안서에 ESG 관련 항목을 새로 추가했는데 이는 우리 회사에 불리하게 작용했다. 왜냐하면 3년 전 우리 회사는 담당자의 행정 미숙으로 과태료를 부과받은 이력이 있어 정성평가에서 경쟁사에 비해 무려 2점이나 뒤져 있었기 때문이다. 제안영업을 하다 보면 경쟁사와의 평가 점수 2점 차이가 얼마나 뒤집기 힘든 격차인지 실감할 수 있다. 결과적으로 우리 회사는 해당 프로젝트를 수주하지 못해서 연 매출 약 40억 원의 손실을 보고 말았다.

이 사례에서 알 수 있듯이 영업을 할 때는 구매팀의 영향력을 절대 간과해서는 안 된다. 실제 구매기준을 정하는 부서의 구성원 개개인에 대한 접촉을 포함해 R&R에 대한 이해가 전제되어야 성공적인 수주가 가능하다.

제2영역 _ 솔루션 혹은 서비스의 적합도 이해

우리가 제안할 솔루션 혹은 서비스는 고객이 당면한 문제를 해결할 수 있어야 하며, 그들의 사업 목적에 반드시 부합해야 한다. 고객의 문제와 우리 제안사항의 상관관계를 높이기 위해서는 솔루션과 서비스의 적합도에 대한 깊은 이해가 있어야 하는 것이다.

Check List ❶ 솔루션은 고객의 문제를 어떻게 해결할 수 있는가?

고객사 입장에서 해당 프로젝트는 사업상의 당면과제와 예상되는 결과를 상정한 후, 이에 따른 문제 해결 및 개선을 목적으로 반드시 해내야만 하는 일이다. 그러므로 우리가 제안하는 솔루션 또는 서비스가 반드시 고객의 문제를 해결할 수 있다는 확신을 주어야 한다.

특히 요즘 같은 스토리 시대에는 고객의 문제를 해결하거나 개선하는 여정을 스토리화하는 것도 좋은 영업전략이 될 수 있다. 클로봇은 로봇자율주행소프트웨어 업체인데 자사 로봇의 서비스를 사용해서 업무를 개선한 기업의 케이스를 기업 소비자 관점에서 작성한다. 그리고 이를 다양하게 콘텐츠화해서 홈페이지 등에 지속적으로 노출하고 있다. 고객사들은 클로봇의 서비스가 적용된 사례를 살펴보면서 솔루션에 대한 이해도를 높이고 다채로운 스토리에 호감을 보이게 된다. 이는 새로운 영업기회를 여는 데 중대한 역할을 한다.

Check List ❷ 솔루션에 대한 관계자들의 의견은 어떠한가?

우리가 제안하는 솔루션이 고객의 요구사항에 완벽하게 부합하고 구체적인 성과를 명확히 도출할 수 있다면 그때부터는 경쟁사와의 대결에 집중할 필요가 없다. 고객의 모든 상황에 대한 이해를 기반으로 우리가 꿈꾸는 레벨 3의 경쟁력 있는 영업 단계에 진입했기 때문이다.

그러나 실제 상황에서 이런 경우는 매우 드물기 때문에 고객을 우리 쪽에 유리한 방향으로 끌어당기기 위해서는 다양한 영업활동을 해야 한다. 우리의 솔루션에 대한 고객사 내 주요 관계자들의 의견이 모두 좋을 수는 없다. B2B 영업이 B2C 영업보다 어려운 이유가 바로 이러한 복잡성에 있다.

B2B 영업을 할 때는 고객사의 구매의사결정과 관련된 4가지 역할군인 사용자와 실무자·검토자·의사결정자·승인자의 의견을 균형 있게 살펴야 한다. 그래야만 우리 회사의 제품과 서비스에 대한 긍정적 혹은 부정적 의견을 실시간으로 수집하고 분석해서 제품의 개선 포인트를 파악할 수 있다.

Check List ❸ 솔루션 공급을 위해 어떤 변경 요소와 개선이 필요한가?

때로는 성공적인 수주를 위해 우리가 제공하는 솔루션을 특정 고객의 요구사항에 최적화된 맞춤 형태로 공급하기도 한다. 고객 맞춤형 전략은 고객의 충성도 제고 및 락인 효과를 가져온다. 다만 이를 위해서는 내부적으로 많은 희생이 따른다.

예를 들어 이러한 맞춤형 전략을 위해서는 연구개발 또는 프리세일즈Pre-sales와 같은 공통경비SG&A에 해당하는 자원의 소요 판단을 명확히 할 필요가 있다. 만약 이 부분에 대한 부담이 클 경우에는 경영진의 의사결정이 중요하다. 이때 경영진이 의지를 보이면서 전략적인 의사결정을 내린다면 맞춤 솔루션 영업이 가능하다. 내부자원을 활용한 영업활동은 조직 내 '역량 내재화'가 가능해서 장기적으로는 기업의 역량으로 축적될 거라고 판단할 수 있기 때문이다.

Check List ❹ 요구사항과 관련한 외부자원 및 규모는 어느 정도인가?

위의 세 번째 체크리스트는 내부 조직의 역량과 지원으로 해결할 수 있는 문제다. 반면 네 번째 항목은 고객의 요구사항 구현을 위해 외부적인 자원을 필요로 하는 경우의 판단이다. 다시 말해 솔루션의 영업원가에 직접적으로 반영되는 요소라 할 수 있다.

고객의 요구사항에 맞추어 수주할 때 외부자원의 지원은 다소 보수적인 관점에서 판단할 필요가 있다. 당연히 영업원가라는 측면도 고려해야겠지만, 향후 유지보수 및 고객과의 관계에 대해서도 고민해야 한다.

최강 조직을 위한 B2B 영업 특강

또한 외부자원, 즉 파트너를 활용하고자 할 때는 역량과 비즈니스 가치사슬Value Chain 관점에서 역할을 고려해 가장 최적의 파트너를 선정해야 한다. 파트너 선정 및 관련 판단기준에 대해서는 이 장의 마지막에 설명할 것이다.

제3영역 _ 영업자원 요구사항 이해하기

/

영업기회가 아무리 좋아 보여도 이를 수주하고 실행하기 위해 과도한 비용을 지불해야 한다면 재고해볼 필요가 있다. 이는 행동경제학자인 리처드 탈러Richard Thaler 가 언급한《승자의 저주The Winner's Curse》에 빠지는 상황을 초래할 수 있기 때문이다.

'승자의 저주'는 원래 1950년대 미국 텍사스주의 해양 석유 채굴권 경매에서 과도하게 달아오른 경매 분위기 때문에 낙찰가가 실제 가치보다 과도하게 결정된 사례를 두고 나온 용어다. 즉 입찰 경쟁에서는 이겼지만 과도한 비용을 치른 후유증 때문에 도리어 조직 전체가 위험에 빠지는 상황을 겪는다는 의미다. 이런 일을 방지하기 위해 영업기회에 따른 요구사항은 면밀히 검토해야 한다.

Check List ❶ 영업기회에 소요되는 투자 시간은 어느 정도인가?

해당 항목은 영업팀의 내부자원과 연관이 있다. 이미 파악된 고객의 의사결정 일정을 감안해서 프로젝트를 완수하는 데까지 얼마나 많은 시간을 투자해야 하는가에 대한 현실적인 고민을 정량화해야 한다. 이때 현명한 판단을 하지 않으면 다른 영업기회에도 부정적인 영향을 미칠 수 있다.

Check List ❷ 영업기회 성사를 위한 영업활동에 별도의 내·외부자원이 필요한가?

솔루션의 적합도에서 언급한 고객 맞춤화를 위한 자원과는 별도로 본원적인 영업활동을 위한 자원을 점검할 차례다. 예를 들어 내부의 타 부서 혹은 외부 파트너 인사를 통한 영업지원 등 내·외부자원을 얼마나 투입해야 하는지 꼼꼼히 따져봐야 한다.

Check List ❸ 영업기회 수행을 위해 필요한 비용은 얼마인가?

이때의 비용은 솔루션과 관련된 직접적인 원가보다는 영업활동과 제안 작업, 즉 사업 수주를 위해 사전에 지출되어야 할 필수비용을 의미한다.

예를 들어 제안 자체를 위한 리서치 및 사전조사 비용 혹은 외국계 고객을 위한 번역비용이 많이 투입될 수 있다. 실제로 영업 현장의 사례를 보면, 제안서를 내기 위해 필요한 비용 등이 전체적인 영업비용의 상당 부분을 차지하는 경우도 종종 발견된다.

Check List ❹ 해당 영업기회와 관련한 기회비용은 얼마인가?

사전비용뿐 아니라 기회비용 점검도 중요하다. 경제학적으로 설명하자면 해당 영업기회를 수행하면서 소모된 비용은 '명시적 비용(회계적 비용)'이고, 영업기회 수행이라는 의사결정을 함으로써 포기된 잠재적인 비용은 '암묵적 비용'이다. 기회비용은 사업 수주에 실패했을 때 매몰될 수 있는 명시적 비용과 암묵적 비용의 합이다.

기회비용을 검토하는 이유는 동시에 진행할 수 없는 영업기회 또는 경제적 가치생산 활동의 대체 가능성을 평가하기 위해서다.

앞서 언급한 4개의 체크리스트는 내부에 유사한 프로젝트의 수행데이터가 축적되어 있다는 가정하에 단순 데이터 분석을 넘어 향후 AI 모델로 발전시킬 수 있는 분야이기도 하다. 이를 통해 영업팀의 활동 데이터를 분석하고, 영업기회마다 필요한 자원과 투입 시간 및 예상 ROI 등을 예측할 수 있다. 이러한 예측으로 자원 배분과 우선순위를 결정하고 영업조직의 생산성 향상에 기여할 수 있을 것이다.

제4영역 _ 고객과의 관계 이해하기

현재 고객과 어떤 관계를 유지하고 있는지는 경쟁력 판단에 있어 중요한 요소다. 총 4가지 항목을 점검하면서 고객과 이상적인 관계를 형성하기 위한 구체적인 방안을 모색해보자.

Check List ❶ 현재 우리와 고객과의 관계는 어떠한가?

고객과의 현재 관계를 분석할 때는 단순히 '좋다 혹은 나쁘다'라는 주관적인 판단이 아니라, 구매 프로세스에서의 롤과 커버리지 그리고 관계를 고려해 복합적으로 파악해야 한다. 또한 '사용자-검토자-의사결정자-승인자'의 종적인 구조 외에 현업부서라는 횡적인 부분까지 포함해서 고객사와의 관계를 입체적으로 파악하는 것이 중요하다.

고객관계관리시스템Customer Relationship Management System,
CRM을 이미 보유했다면 과거 고객과의 관계 정도, 거래 기록,
의사결정자와의 네트워크 등의 분석이 가능하다. 이 결과를 바
탕으로 관계 강화전략을 수립할 수 있다.

Check List ❷ 유력 경쟁사와 고객과의 관계는 어떠한가?

해당 영업기회와 관련한 유력 경쟁사를 선정해서 그들과 고
객사와의 관계를 면밀히 파악해야 한다. 만약 경쟁사에 대한 정
보가 부족하다면 사전영업을 통해 정보를 수집할 수 있다. 이
것이 어려울 경우에는 과거 경쟁사와 동일한 고객에 대한 입찰
경쟁 경험이 있거나 경쟁사에서 이직한 내부 직원 또는 외부인
사를 통해 정보를 수집해보는 것도 좋은 방법이다.

Check List ❸ 고객과의 관계상 우리가 경쟁우위를 확보할 가능성이 있는가?

우리 회사가 경쟁사와 비교했을 때 고객과의 관계 측면에서
우위가 확인된다면 어떻게 해야 할까? 예를 들어 우리 회사 영
업팀 내 핵심관계자와 긴밀한 소통이 가능한 인사가 존재하거

나 또는 경영층과 소통 가능한 파트너 인사를 보유하고 있다면 말이다.

그럴 경우에는 관계를 넘어 사업적으로 보다 더 강력한 우위를 점하기 위해 어떤 경쟁 요소를 강화해야 할지 구체적으로 고민해야 한다. 동시에 실행이 가능한지도 확인해야 한다.

Check List ④ 고객의 프로젝트 관점에서 이상적인 관계를 형성할 가능성이 있는가?

카카오톡 전략고문이었던 박용후는 자신의 책《관점을 디자인하라》에서 '상품은 파는 것이 아니라 대중에게 새로운 관점을 제공하는 것'임을 강조한다. 이 조언은 해당 항목을 점검할 때 꼭 필요한 내용이자 영업자의 중요한 태도다.

성공적인 프로젝트를 위해서는 영업자의 관점이 아닌 고객의 관점에서 이상적인 관계를 설계하는 것이 우선이며 이를 위해서는 사전에 많은 일을 해야 한다. 우선 고객의 사업과 과제를 충분히 이해하고, 이와 관련해서 우리가 제공할 수 있는 내부역량을 명확히 파악하는 것이 중요하다. 또한 고객의 관점에서 그들이 공급자에게 원하는 바를 도출해내야 한다.

다시 말해 '고객이 공급자에게 바라고, 듣고 싶어 하고, 원하는 것'이 바로 고객의 관점이다. 이것을 경쟁사보다 더 효과적으로 전달할 수 있는 영업 채널이 존재한다면 고객과의 이상적 관계 형성이 가능하다고 판단할 수 있다.

제5영역 _ 고유한 사업가치의 도출 및 가치 제안하기

고유한 사업가치Unique Business Value, USP란, 우리가 제안하는 것이 고객이 가진 문제를 반드시 해결하거나 개선할 수 있다는 메시지와 믿음을 정량적·정성적 가치로 표현한 것이다. 제안서 내에 '제안전략Executive Summary'이 명시되어 있어야 하고, 이를 위해 영업 담당자는 고객의 요구사항을 끊임없이 확인하고 구체화하고 다시 확인하는 반복적이고 고통스러운 절차를 거쳐야 한다. 이런 영업활동이 '차별화'를 만들어냄으로써 고객에게 최적화된 제안을 할 수 있게 된다.

영업을 조금이라도 해본 사람이라면 이 내용에 수긍하면서도 한편으론 실행 과정이 어렵다는 것을 잘 알고 있을 터다. 그래서 지금부터는 고유한 사업가치를 도출하고, 이에 따라 가치 제안을 실행하는 방법에 대해 살펴보고자 한다.

방법 1 고객 관점에서 결정적 의사결정 이벤트 이해하기

우리와 마찬가지로 고객도 지속적으로 성장하고자 하므로 항상 그들의 입장에서 고민하는 자세가 필요하다. 앞서 설명했듯이 고민의 방향성은 고객 비즈니스의 개요와 동기에 기반해 계획하고 실행하는 쪽으로 잡아야 한다. 그 과정에서 사업을 위해 반드시 해야 하는 일이 필연적으로 도출된다. 우리는 이것을 '결정적 의사결정 이벤트Compelling Event'라 한다.

앞서 언급한 자동차부품 회사 이야기를 다시 살펴보자. 고환율에 대비해 연간 물량을 조기에 생산하거나 해외생산 증산전략을 취하는 것이 바로 고객의 결정적 의사결정이다. 이를 위해 고객은 원자재 구매전략 재설계, 내부 비용 절감 방안 수립, 해외 공장 증설 등 다양한 활동을 할 수 있다. 나아가 적절한 파트너 또는 공급사와의 협업도 추진할 것이다. 이것이 바로 '프로젝트'이며, 공급자 입장에서는 '영업기회'다.

방법 2 공급자 관점에서 차별화전략 도출하기

영업기회는 고객의 눈높이, 즉 '관점'에 맞추어야 고객에게서 최소 영업에 참여할 수 있는 기회라도 얻을 수 있다. 고객의 관점에 맞추기 위해서는 가장 먼저 '내부역량'을 점검해야 한다. 이에 따라 고객의 결정적 의사결정 이벤트에 대한 이해를 바탕으로 가장 적절한 '솔루션'을 찾아내는 것이 중요하다. 이 솔루션을 기반으로 고객에게 맞는 스토리와 가치를 덧붙이면 서 '차별화'를 통해 제안하는 과정인 '가치 제안'을 해야 한다. 이 과정에서 도출된 고객맞춤형 가치를 '고유한 사업가치Unique Business Value, UBV'라 한다.

방법 1과 방법 2를 바탕으로 가치영업의 핵심을 한마디로 정의해보자면 다음과 같다. 고객의 결정적 의사결정 이벤트를 해결하기 위해 공급자가 고유한 사업가치를 가진 솔루션을 제 공해서 사업을 수주하고, 고객과 윈윈하는 관계를 구축하는 것 이다.

물론 실제 현장에서 이러한 가치영업을 하기란 쉽지 않다. 세계적인 컨설팅 업체인 베인앤컴퍼니Bain&Company가 기업고객 375곳을 대상으로 연구한 결과를 살펴보자. '제안받은(또는 제 안한) 가치가 실현되어 사업에 도움이 되있는가?'라는 질문에 영업 담당자의 80퍼센트는 '그렇다'라고 답변했다. 반면 고객사 의 담당자는 단 8퍼센트만 '그렇다'라고 답변했다. 가히 충격적 인 결과다.

이 결과는 고객이 결정적인 의사결정 이벤트를 진행할 때 고객과 영업자 간에 상당한 관점의 차이가 존재한다는 것을 방증한다. 물론 고객의 마음속을 꿰뚫어 볼 수 없기 때문에 완벽하게 고객과 영업자의 관점이 일치하기는 어렵다. 하지만 아래 체크리스트 항목을 염두에 두고 진행하면 그 격차를 최소화할 수 있다.

Check List ❶ 사업가치를 구체적으로 측정해서 제안할 수 있는가?

고객에게 제공하는 솔루션은 명확하고 구체적으로 측정 가능한 결과치를 동반해야 한다. 예를 들어 자동차 부품 회사의 증산 목표에 우리가 공급할 솔루션이나 서비스가 어느 정도 기여하는지 수치로 증명할 수 있어야 성공적인 가치 제안을 했다고 볼 수 있다.

Check List ❷ 고객사의 성과 측정 기준을 이해하고 있는가?

고객사마다 KPI와 같은 사업성과에 대한 명확한 측정 기준이 있다. 공급자는 이를 인식해야 하며, 자사의 솔루션이 고객의 KPI와 사업에 얼마나 기여할 수 있는지를 설명할 수 있어야 한다.

Check List ❸ 우리가 제공하는 사업가치를 충분히 이해시키고 있는가?

고객에게 사업가치를 전달할 때는 스토리화해서 전달하는 것이 바람직하며, 제공 후에는 고객이 그 가치를 충분히 이해하고 있는지 확인할 필요가 있다.

Check List ❹ 우리의 가치에 경쟁사 대비 명확한 차별화 요소가 있는가?

우리가 개발한 가치 제안이 주요 경쟁사와 비교해 명확한 차별점이 있는지 파악해야 한다. 이를 위해서는 영업 기간에 주기적으로 내부 팀들과 리뷰를 하거나 고객사의 주요 이해관계자들이 보내는 피드백을 점검해야 한다. 이 과정에서 인터넷 정보 및 생성형 AI 툴을 활용한 리서치 및 외부인사를 통한 정보 수집을 활용하자. 그러면 시장 내에서 경쟁사의 위치를 파악하고 우리의 가치 제안을 강화할 수 있는 방안 도출에 도움이 될 수 있다.

지금까지는 고유한 사업가치 제안을 위해 반드시 체크해야 할 항목들을 살펴보았다. 이제는 가치 제안을 실행하는 과정에 대해 알아볼 차례다.

가치 제안 도출 및 실행 순서

① 우리의 고유 사업가치(Unique Business Value)에 대해 명확히 정의한다.
② 명확한 고객을 정의한다.
③ 우리의 솔루션(서비스)을 통해 명확하고 측정 가능한 사업의 결과(Business Outcome)를 도출한다.
④ 고객의 기대감을 충족시킨다.
⑤ 우리의 솔루션(서비스) 딜리버리 능력을 보장한다.

이 모든 과정을 준비하는 것은 결코 쉽지 않다. 담당자는 강렬한 열정과 집념을 가져야 하고, 영업 기간 내내 엄청난 고통을 감내해야만 한다. "영업 현장에서 모든 프로젝트는 참여자의 피를 먹고 자란다."라는 다소 섬뜩한 말이 오가는 것도 다 이런 이유에서다.

고객의 이슈에 대해 끊임없이 꾸준하게 관찰하고 질문과 제안을 게을리하지 않는 태도가 필요하다. 그래야 가치 제안의 수준이 높아지고 정교해진다. 이러한 노력이 전제된 가치 제안만이 게임 체인저 역할을 할 수 있으며 수주에 결정적인 기여를 할 수 있다.

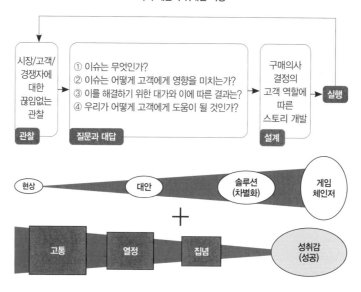

가치 제안의 위대한 여정

| 관찰 | 질문과 대답 | 설계 |

시장/고객/경쟁자에 대한 끊임없는 관찰

① 이슈는 무엇인가?
② 이슈는 어떻게 고객에게 영향을 미치는가?
③ 이를 해결하기 위한 대가와 이에 따른 결과는?
④ 우리가 어떻게 고객에게 도움이 될 것인가?

구매의사 결정의 고객 역할에 따른 스토리 개발

실행

현상 → 대안 → 솔루션 (차별화) → 게임 체인저

+

고통 → 열정 → 집념 → 성취감 (성공)

영업 과정에서 강력한 힘을 발휘하는 가치 제안 템플릿

고객에게 가치 제안을 하는 과정은 지난한 단계를 거친다. 참여 구성원의 고통과 노고를 수반하며, 구성원 개개인의 열정과 집념으로 완성된다. 그래서 가치 제안의 퀄리티와 차별화는 구성원 개개인 또는 리더의 역량에 의해 좌우된다고 해도 과언이 아니다.

나는 대기업 계열사 대표로 있을 때 구성원의 역량 향상을 위해 과거에 배운 지식을 기반으로 '가치 제안 템플릿'을 만들어 활용했다. 여기에 그 내용을 소개하고자 한다. 이는 현업에서 바로 활용할 수 있는, 간단하지만 아주 파워풀한 템플릿이다.

다음 페이지에 제시된 템플릿을 실무에 활용해보자. 현재 영업기회를 기준으로, 영업팀과 브레인스토밍, 워크숍 등 다양한 방법을 시도해보고 형광펜으로 표시된 괄호에 알맞게 넣어보자. 그렇게 함으로써 가치 제안 내용을 개발할 수 있으며, C-레벨부터 실무자에 이르기까지 고객에게 일관된 메시지를 전달할 수 있다. 이는 고객에게 명확한 가치 제안을 하는 데 중요한 역할을 할 것이다.

■ 가치 제안 템플릿

1. 고객은 우리의 (솔루션 or 서비스)로 (고객의 비즈니스 목표/행동)을 가능하게 하고, 이를 통해 (측정 가능한 명확한 사업 결과)를 얻을 수 있다.

2. 우리는 과거에 (현 제안 고객과 유사한 상황의 고객/문제)를 (솔루션/서비스)를 통해 해결한 경험이 있다. 고객은 (기존 서비스 or 솔루션)을 (우리의 솔루션 or 서비스)로 변경함으로써 (측정 가능한 명확한 사업 결과)에 기반한 (사업 동인)에 영향을 미칠 수 있다. 우리는 이러한 과정을 명확히 증명하기 위해 (성과관리 활동)을 진행하고 (정기적)으로 리포트할 것이다.

3. 우리의 (솔루션 or 서비스)로 고객의 (결정적 의사결정 이벤트)를 우리가 제공하는 (측정 가능한 명확한 사업 결과)로 실현할 수 있도록 도울 것이다.

4. 우리가 제공 가능한 (위험 분담 및 보상전략)으로 고객이 우리의 (솔루션 or 서비스)에 투자하는 ROI Return on Investment를 보장한다.

영업 수주의 가능성을
판단하는 결정적인 방법

나는 종종 팀원들에게 세상의 일은 3가지로 구분 지을 수 있다고 말한다. '해야 하는 일', '하고 싶은 일' 그리고 '조직에서 내가 해주길 원하는 일'이다. 이 3가지 일의 순서와 경중을 잘 조정할 줄 아는 사람은 조직생활에서 성공할 가능성이 높다.

그렇다면 우선순위를 어떻게 조정하면서 일해야 할까? 조직에서 인정받으려면 가장 먼저 '해야 하는 일'에서 성과를 보인 후 신뢰를 얻고, 그다음으로는 '하고 싶은 일'과 '조직에서 내가 해주길 원하는 일'의 간극을 줄여나가는 것이 중요하다. 이는 비단 회사원들에게 국한된 명제가 아니다. 행복한 삶을 추구한다면 누구나 기억해야 할 지침이다.

이 3가지 일은 기업의 영업활동에도 그대로 적용해볼 수 있다. 우선 '해야 하는 일'은 기존에 공급한 솔루션에 대한 유지보수처럼 '고객에게 반드시 해주어야 하는 일'을 의미한다. 그리고 '하고 싶은 일'은 향후 우리 회사의 발전과 비전을 위해 '새롭게 진행해보고 싶은 일'을 의미한다. '조직 내에서 내가 해주길 원하는 일'은 고객사의 정체성 및 기존의 사업성과에 기반한, '고객이 우리에게 해주길 바라는 일'이다.

고객 입장에서 가장 중요한 일은 당연히 세 번째 일이다. 영업하는 입장에서는 '해주어야 하는 일'을 가장 먼저 잘해주어 신뢰를 다질 필요가 있다. 그러고 나서 '고객이 해주길 원하는 일'을 통해 실력과 가치를 증명하고 '새롭게 진행해보고 싶은 일'로 발전해나가야 한다.

하지만 공급사 조직의 구성원이나 기업은 두 번째 일에 가장 높은 관심을 보일 가능성이 크다. 경영진뿐 아니라 주주들도 새롭게 도전하는 사업으로 기업의 미래 성장성을 평가하려는 경향이 높기 때문이다. 그래서 경영진과 실무진은 영업 수주를 위한 고민을 하면서도 그와 별개로 두 번째 일에 상당한 비중의 자원과 노력을 투입하는 경우가 많다. 그러나 우선적으로 현재의 영업기회 수주를 위해서라면 고객이 해주길 원하는 일에 집중해서 수주 가능성을 높이는 데 최선을 다해야 한다.

영업기회의 최종 수주 가능성을 점검하는 항목은 다음에 제시한 것과 같다. 여기서 당부하고 싶은 것이 있다. 첫 번째 진단에서 결과가 낮았다고 해서 수주 가능성이 희박하다는 식으로 해석해서는 안 된다는 점이다. 항목별 분석을 통해 영업활동을 개선해서 수주 가능성을 높일 수 있는 방법을 찾아보길 바란다.

제1영역 _ 고객사 내부의 지원 여부 판단하기

Check List ❶ 고객사 내부에 우리의 지원자가 있는가?

영업기회를 타진할 때는 고객사 내에 우리가 영업기회를 수주하기를 바라는 핵심인력 또는 영향력을 가진 지원자가 있는지 확인해야 한다. 만약 있다면 그들을 통해 의사결정자에게 우리의 고유한 사업가치 제안을 해볼 수 있다.

Check List ❷ 고객사 내 지원자가 우리를 위해 어떤 행동을 취하였나?

이 항목을 점검할 때는 고객사 내 지원자가 이전에도 우리를 위해 특정 행동이나 조치를 취한 적이 있는지 알아볼 필요가 있다. 만약 있다면 그는 이번 프로젝트에서도 우리를 지원하는 우군 역할을 해줄 가능성이 높다. 이때는 그가 취한 행동 및 조치가 가져온 결과의 중요도를 고려해 적절한 지원 수준을 설정하고 가능성을 점검해야 한다.

Check List ❸ 고객사 내 지원자가 지속적으로 도움을 줄 수 있는가?

영업활동을 하는 과정에서 고객사 내부의 지원자가 앞으로도 계속 우리를 지원해줄 수 있는지 파악해야 한다. 또한 그에게서 지속적으로 도움을 받기 위해 우리는 어떤 행동을 통해 그가 원하는 것을 지원할 수 있을지 고민하면서 그 행동의 난이도까지 점검할 필요가 있다. "세상에 공짜 점심은 없다There is no such thing as a free lunch."라는 격언을 잊지 말자.

Check List ❹ 고객사 내 지원자가 조직 내에서 능력을 인정받고 있는가?

고개사의 지원자가 조직 내에서 명망이 높고 능력을 인정받고 있다면 우리의 영업활동에 긍정적인 영향을 미칠 수 있다. 따라서 그의 사내 평판을 기반으로 역량과 신뢰도를 점검해야 한다.

제2영역 _ 임원급의 신뢰 여부 파악하기

일반적으로 B2B 영업의 대상은 개인회사가 아닌 주식회사이며 어느 정도의 규모를 갖춘 조직이다. 그렇기 때문에 아무리 직급이 높은 임원이라 해도 완전한 권한을 가진 경우는 거의 없다. 심지어 임원들은 입버릇처럼 "요즘 직원들이 어디 제 말을 듣나요?"라는 말을 자주 한다.

이는 예전처럼 탑다운 방식의 의사결정 문화가 사라져가고 있음을 의미한다. 그렇다고 해서 고객사의 임원급이 지닌 중요도가 줄어든 것은 아니다. 임원급 인사의 신뢰가 일을 기획하고 진행하는 데 미치는 영향이 종전보다는 약화되었다지만, 돈독한 관계를 유지하고 있으면 결정적인 순간에 도움을 받을 수 있다. 그러기 위해서는 반드시 사업적인 어젠다가 아닌 개인적인 친분이 필요하며, 상호 호감을 갖기 위해서는 꽤 오랜 시간을 들여야 한다.

Check List ❶ 프로젝트에 영향을 미치는 임원에 대해 파악하고 있는가?

고객사의 임원급 인사 중 우리가 추진하고자 하는 프로젝트에 영향력을 행사하거나 의사결정에 참여하는 임원이 누구인지 파악하는 것은 매우 중요하다. 만약 해당 역할을 맡은 임원이 있다면 그를 대상으로도 영업활동을 해야 한다.

Check List ❷ 어떻게 그들과 신뢰 관계를 구축해왔는가?

현재 진행하는 프로젝트와 상관없이 그동안 우리 회사의 임원급 또는 영업팀이 고객사의 영향력 있는 임원과 어느 정도의 신뢰 관계를 구축해오고 있는지 점검해야 한다. 그 정도에 따라 영업활동의 전략이 달라질 수 있고, 보다 적극적으로 추진할 수 있는 원동력을 확보할 수 있다.

Check List ❸ 그들에게 접근할 계획 및 전략이 있는가?

고객사 임원에게 우리의 메시지를 전달하기 위해서는 가장 먼저 접근 경로를 확보해야 한다. 이때는 회사의 영업팀 또는 다양한 인맥을 십분 활용해서 최대한 자연스럽게 접촉하는 게 좋다.

Check List ❹ 임원들이 우리를 먼저 찾게 할 계획이 있는가?

고객사 임원급에서 먼저 우리를 찾게 하는 공식적인 방법은 그들의 명확한 요구사항을 파악하고 우리 측에서 해결 방법을 제시하는 것이다. 이럴 경우 고객은 해당 내용을 좀 더 구체적으로 확인하기 위해 미팅을 요청한다.

이외에도 비공식이면서 다양한 요구를 할 때가 있다. 가령 우리 회사의 네트워크를 활용해서 임원이 속한 조직의 주요 고객 또는 관계자와의 인맥 연결을 요청하곤 한다. 혹은 사업과 관련해서 사내 정치 상황을 해소하는 일에 도움이 된다고 판단하면 먼저 찾는 경우도 있다.

제3영역 _ 기업문화 관점에서의 적응성 파악하기

우리나라 대기업은 대부분 IT 자회사를 소유하고 있다. 그들은 그룹 계열사의 SI/IT 관련 사업 수주에서 나오는 수익으로 회사 영업이익의 상당 부분을 충당한다. 한국 대기업 특유의 계열사 간 상부상조 경영문화가 보편화되어 있기 때문이다. 그뿐만이 아니다. 공급사는 고객사인 계열사의 입장을 누구보다 잘 알고 있으며, 그들의 조직문화와 구매 문화 및 사업이 지향하는 바에 대한 이해도가 깊다.

이처럼 공급사와 고객사가 조직문화에 있어 공통점이 많다는 것은 영업적인 면뿐 아니라, 내부 관계자들을 설득해 다양한 영업활동을 진행하는 데도 상당히 유리하게 작용한다. 이는 고객사와의 더 깊은 연결고리를 만들 수 있는 기회를 제공한다.

Check List ❶ 고객사만의 고유한 조직문화가 있는가?

차별화된 전략으로 영업기회의 가능성을 높이기 위해서는 고객사만의 조직 및 경영문화 또는 업에 대한 철학을 파악하고 있어야 한다. 이를 위해 별도의 커뮤니케이션 전략을 설계할 때는 가장 먼저 고객사의 홈페이지와 사보 외 각종 정기간행물 등을 주기적으로 찾아보면서 정독할 필요가 있다.

과거에는 고객사가 업을 통해 추구하고자 하는 철학과 경영상의 고민을 이해하기 위해 고객사의 정기간행물을 최소 3~5회치 정독했다. 하지만 요즘은 고객사의 홈페이지 및 포털 사이트에서 홍보팀이 게시한 뉴스와 각종 정보를 쉽게 접할 수 있으므로 일정 기간 클리핑해 정독하면 관련 정보를 충분히 얻을 수 있다.

Check List ❷ 고객사와 우리 회사의 문화적 유사점이 있는가?

고객사의 내부문화가 지닌 특성을 파악할 때는 공급사인 우리 회사와의 비교 분석을 통해 시사점을 찾을 필요가 있다. 만약 우리 회사와 고객사 간 문화에 유사점이 없다면, 적어도 영업팀 특히 고객 접점부서만이라도 고객사의 문화를 인지하고 그것에 맞게 대응하는 것이 바람직하다.

예전부터 타 업종의 선도기업들끼리 협업해 성공한 사례를 찾아보기 힘든 이유도 조직 간 문화의 차이 때문이다. 우리가 최고라는 자부심은 동종업종 내 기업과 경쟁하는 데는 무한한 강점으로 작용하지만, 다른 업종의 선도기업과 협업할 때는 큰 걸림돌이 되곤 한다.

커넥티드카 프로젝트와 관련해 자동차 제조사와 이동통신사와의 협업 사례에서도 이런 문제를 찾아볼 수 있다. 현대기아차그룹은 브랜드만 다를 뿐 하나의 기업과 마찬가지다. 하지만 자동차 업계 1위인 현대차는 KT와 협업했고, 기아차는 이통 업계 1위인 SKT와 협업했다. 업종을 불문하고 선도기업들은 자신만의 '일등 문화'를 고수하기 때문에 이처럼 동종 분야 타 기업과 협업이 잘 안 되는 경우가 많다.

Check List ❸ 공급자 관점에서 주목해야 할 고객의 경영철학이 있는가?

나는 SK그룹 입사 이후 그룹 내 모든 활동의 바이블이라고 할 수 있는 SKMS^{SK Management System} 교육을 받았다. 이 과정에서 SK그룹이 급변하는 경영환경에 민첩하게 대처하면서 다양한 산업 분야에서 승승장구할 수 있었던 원동력이 무엇인지 알게 되었다.

SKMS는 SK그룹의 경영철학과 이를 현실 경영에 구현하는 방법론을 담고 있으며, 1979년 제정된 이래 14번의 개정을 거치면서 시대상에 맞게 변형되었다.

이외에도 한국의 대표적인 그룹사들은 모두 계열사들과 공유하는 경영의 핵심 가치가 있다. 이는 곧 사업의 지향점이기도 하다. 글로벌 탑티어 철강회사 중 하나인 포스코도 자사의 경영철학과 혁신의 방향성을 구체적으로 명시하고 있다. 2010년 초반 포스코의 혁신은 '업業' '장場' '동動' 3가지 축에 기반해 진행되었다. 첫 번째 '업'은 고전적인 철강 생산 중심의 구조를 고부가가치 철강 생산 중심으로 이동하는 것이고, 두 번째 '장'은 제철소 시설 및 프로세스 혁신을 위해 국내 최초로 스마트팩토리 개념을 도입한 것이다. 세 번째 '동'은 일하는 방식의 혁신을 의미한다.

내가 SK텔레콤에 입사한 후 포스코에 솔루션을 제공해 큰 성과를 거둔 비결도 포스코의 경영철학을 이해하고 그것에 부합하는 솔루션을 제공했기 때문이다. 당시 나는 모바일 솔루션 관점에서 스마트 팩토리 솔루션을 제공했다. 이와 함께 업무 방식에 있어서는 모바일 그룹웨어 및 지리 정보를 이용한 제철소 내부의 물류 개선 등을 제안했다.

거듭 강조하지만 해당 기업만의 고유한 경영철학과 혁신의 방향성이 담긴 조직문화를 이해하는 것은 중요하다. 이를 솔루션에 구체적으로 반영해 제안하는 공급사에게 당연히 더 많은 기회가 주어질 수밖에 없다. 나아가 영업자는 세계적인 경영 트렌드에도 늘 촉각을 곤두세우고 있어야 한다.

지금은 대부분의 기업이 ESG 경영을 도입하고 있지만 이 개념은 2005년 미국의 금융회사 JP모건이 처음으로 제시했다. 이후 지속가능한 경영이라는 화두 아래 전 세계 기업의 경영환경이 달라지기 시작했다. ESG 경영은 환경Environmental · 사회Social · 지배구조Governance의 약자로 기업경영에 있어서 재무적 가치, 즉 경영성과 외에 중대한 영향을 미치는 비재무적인 가치로 인정받고 있다. 오늘날 ESG 경영은 모든 기업이 공통으로 추구하는 경영철학이라 해도 과언이 아니다. 따라서 B2B 영업 시 가치 제안 측면에서 반드시 주목해야 한다. 고객사에서 매년 발간하는 〈지속가능경영보고서〉에 반영 가능한 내용을 우리의 가치 제안에 녹여 제안한다면 어떨지 생각해보자.

Check List ④ 실무진과 임원급 모두 고객의 경영문화에 맞추고 지원할 의향이 있는가?

고객사의 경영철학과 기업문화를 명확하게 인식한 후에는 영업활동을 할 때 그것에 맞출 의향이 있는지 판단해야 한다. 이 부분은 의지가 중요하다. 고객 접점 부서는 당연히 실행해야 하고, 고위 임원 및 경영진들도 경우에 따라서는 고객의 문화에 맞춘 의사결정 및 지원의 필요성을 냉철하게 진단할 필요가 있다.

영업기회의 규모가 크면 클수록 경영진 또는 고위 임원이 최종 의사결정에 개입할 가능성이 높다. 무엇보다 이들이 최종 의사결정을 할 때는 공급사의 임원진을 최종 면담한 후 결정하는 경우가 왕왕 있다. 이때 공급사의 임원진이 고객사의 문화를 제대로 이해하지 못하면 치명적인 실수를 하게 된다.

이런 상황을 빗댄 고사성어로 '공휴일궤功虧一簣'가 있다. '큰 산을 쌓아 올리는데 마지막 삼태기 하나 분량의 흙이 부족하여 산이 무너진다'는 의미다. 거의 다 이루어진 일이 결정적인 마지막 순간에 노력을 중지하여 실패하는 사례를 비유하는 말이다. 규모가 큰 영업기회의 경우 수주하기까지 기간이 길고 조직 차원에서 각고의 노력이 필요한데, 마지막 순간에 임원진 면담에서 일을 그르쳐서는 안 될 일이다. 이런 실수를 막기 위해 실무진에서 임원급에 이르는 직급 중 어느 단계까지 고객의 문화를 이해하고 접근해야 할지 파악할 필요가 있다.

제4영역 _ 비공식적인 구매 선정기준 파악하기

대기업의 경우 현업의 구매 프로세스 선정을 사내 규정으로 명시화하고 있지만 중소기업에서는 이러한 의사결정의 규정을 일부 부서 또는 경영진이 좌지우지하는 경우가 있다.

물론 대기업에서도 구매 소요부터 작성까지 특정 인사 또는 부서의 영향력이 존재하는 것은 엄연한 사실이다. 고객사 내부에 존재하는 힘의 균형과 특정 내용을 이해한 영업활동을 하면 사업 수주의 확률을 높일 수 있다.

Check List ❶ 구매의사결정의 실제 방식을 파악하고 있는가?

영업팀은 고객사의 구매 소요 발의부터 공급자 선정에 대한 모든 절차를 사전에 제대로 이해하고 있어야 한다. 이것이 전제되지 않으면, 고객사 내부에서 선호하는 공급자 그룹이 형성된 후에 그들의 구매 이벤트 들러리(참고로 나는 '병풍'이라는 표현을 많이 사용한다)가 되고 만다. 이렇게 되면 제대로 된 결실을 거두지 못한 채 우리의 내·외부자원만 낭비하는 결과를 초래한다. 나도 실제 영업 현장에서 이런 경험을 종종 했다.

영국계 통신사 BT에 근무하던 시절에 국내 굴지의 자동차 회사의 글로벌 네트워크 아웃소싱 사업에 관한 제안을 요청받은 적이 있다. 당시 고객사 담당자 및 팀장의 지원이 있을 거라 판단해 제안서를 냈으나, 이미 미국계 통신사가 공급업체로 내정되어 있던 상황이었다. 고객사가 내정한 공급사와의 협상력을 확대하려는 의도로 구매 이벤트를 실시한 사실을 모른 채 실주한 것이다.

이 같은 치명적인 결과를 사전에 차단하기 위해 영업 담당자는 명확한 구매 절차를 확인해야 한다. 또한 각 단계별 결정 시기에 고객사의 핵심관계자를 통해 경쟁사 및 고객사 내부 업무 상황도 파악할 필요가 있다. 만약 제안요청이 구체화되었다면 제안요청서 평가항목에 영업팀의 영향력이 어느 정도 반영되었으며, 경쟁사에 유리한 내용만 반영된 것은 아닌지를 확인하는 것도 매우 중요하다.

이처럼 명확한 기준에도 불구하고 최종적인 구매의사가 다른 방향으로 결정되는 경우도 있다. 이때는 유사한 분야의 과거 구매 결과를 알아보자. 그 당시 의사결정이 기준대로 투명하게 이뤄졌는지 확인하는 것도 이러한 상황을 사전에 판단할 수 있는 좋은 방법이다.

Check List ❷ 무형 또는 주관적인 선정기준이 존재하는가?

제안요청서의 평가항목과 이에 대한 배점의 배분을 분석해서 무형적이거나 주관적인 기준이 개입할 요소가 있는지 점검해야 한다. 제안요청서가 구체화되지 않은 시기라면 영업활동을 하면서 핵심관계자의 의견을 청취하거나, 내부의 지원자를 통해 추가적으로 고객이 고려하는 구매의 기준을 파악하면 된다.

예를 들어 정보화 프로젝트를 진행 중이라고 해보자. 구축과 운영이 모두 포함되어 있는 구매 프로젝트라면, 대부분 사전에 투입될 장비를 암묵적으로 선정해놓고 장비의 제원諸元만 제안요청서에 명시한다. 만일 영업팀이 이런 정보를 사전에 파악하지 못하면, 아무리 좋은 장비를 제안해도 고객사는 내부에서 인위적인 조정을 해서라도 해당 공급업체를 탈락시킬 것이다.

최강 조직을 위한 B2B 영업 특강

나도 이와 유사한 사례를 경험한 적이 있다. 특정 고객의 사옥에 무선랜과 이동통신 회선을 통합하여 제안하는 프로젝트였다. 당연히 무선랜 장비는 시장에서 가장 평이 좋고 우수한 장비를 검토했지만, 실제 제안은 완벽하게 검증되지 않은 다른 장비로 해야만 했다. 물론 고객사가 제안요청서에 해당 벤더사를 지목하지는 않았다. 하지만 무선랜 장비와 관련해서 내부적으로 암시하는 바가 있었기에 그 장비를 제안했고 덕분에 수주에 성공했다.

표면적으로는 기존 사옥과의 연동 문제 때문이라고 했으나, 나중에 확인해보니 실제로는 장비 벤더사의 영업에 의해 선정된 것이었다. 이런 이유로 구축과 서비스를 운영하는 우리 회사는 장비구축 후, 이동통신 서비스와의 연동 시 생긴 호환성 문제로 많은 고생을 할 수밖에 없었다. 그럼에도 우리 회사가 당시 시장에서 최고로 인정받는 무선랜 장비를 제안했다면 그 프로젝트는 수주에 실패했을 것이다.

Check List ❸ 고객이 공급사에 공유하지 않은 이슈가 있는가?

앞서 나온 무선랜 구축 사례와 같이 공급사의 제안요청서에는 공유하지 못하지만, 타사의 사전영업에 영향을 받아 내부에서 이미 특정 제품을 낙점해놓은 사례는 상당히 많다. 그 외에 내부조직 개편에 의해 핵심관계자의 롤이 변화하는 것에 따른 요구사항 변화 등 기존 구매 소요의 중요한 방향성이 바뀌는 사건이 발생할 수도 있다. 또한 예기치 못한 여러 가지 이슈로 구매 이벤트가 연기되거나 취소되는 경우도 종종 있다.

이런 이유로 고객사 내부의 이슈를 조기에 파악하고 대비하기 위해 핵심관계자들을 밀착 영업해야 한다. 나아가 경쟁사 및 시장의 동향을 예민하게 주시하면서 때로는 내부 조력자에게 적극적으로 도움을 요청하는 것도 필요하다.

Check List ❹ 핵심관계자와 영향력 있는 실무진의 사견을 인지하고 있는가?

적극적인 영업활동을 하고 있는 영업자라면 고객사 내 핵심관계자의 역할과 성향, 즉 페르소나^{Persona}를 파악하고 있을 터다. 하지만 영업기회를 실현하기 위해서는 이것만으로는 부족하다.

프로젝트의 성공적인 수주를 원한다면 핵심관계자들의 개인적인 의견을 두루 인지해야 함은 물론 여기서 한발 더 나아가야 한다. 그들의 영향력이 어느 정도인지까지도 이해하고 있어야 하는 것이다. 만약 영향력이 상당한 관계자라면 해당 프로젝트에 대한 그의 개인적인 의견과 니즈를 반드시 파악할 필요가 있다.

제5영역 _ 고객사의 내부 정치 관점에서 핵심관계자 파악하기

영업기회를 구체화하는 과정 중 고객사 내에서 영향력이 있는 내부인사가 적시·적재·적소에 우리를 지원해줄 수 있다면 이는 천군만마를 얻은 것과 다름없다. 하지만 역으로 경쟁사가 이러한 지원을 받고 있다면 우리에게는 악몽 그 자체다.

고객사의 영향력 있는 내부 관계자로부터 지원을 받기 위해서는 사내 정치 상황에 대한 전반적인 이해가 전제되어야 한다. 즉 관계자 중 누가 강력한 영향력을 갖고 있으며, 다른 관계자들과의 영향력 배분은 어떻게 되고 있는지를 정확하게 파악하고 있이야 한다.

Check List ❶ 의사결정에 결정적인 역할을 하는 관계자는 누구인가?

어느 회사든 내부에는 반드시 사내 정치가 존재하므로 가장 영향력 있으면서 의사결정 시 결정적인 역할을 하는 부서와 핵심관계자를 반드시 파악해야 한다. 이때는 고객사 내 구매의 롤과 부서별 R&R까지 고려해서 사내 정치의 핵심을 읽을 필요가 있다.

다만 이는 단순히 직급이나 직책으로 좌우되는 것이 아님을 알아야 한다. 핵심관계자를 파악하는 방법에 대해서는 다음 장에서 좀 더 자세히 설명할 것이다.

Check List ❷ 우리를 지지하는 핵심관계자는 누구이며, 지지하는 이유는 무엇인가?

앞서 언급한 "세상에 공짜 점심은 없다."라는 격언에 주목해 보자. 핵심관계자에 관해 언급하면서 이런 화두를 던지는 데는 이유가 있다. 핵심관계자가 특정 공급사를 지원한다면 분명 그들이 공급사에 바라는 바가 있다. 그리고 공급사가 분명 그것을 해줄 것이라는 믿음을 갖고 있다는 사실을 잊지 말아야 한다.

앞서 비공식적인 구매기준과 관련한 체크리스트④에서는 업무 차원의 '핵심관계자와 영향력 있는 실무진의 사견을 인지하고 있는가?'에 대해 살펴보았다. 여기서는 사내 정치 차원에서 개인적인 니즈에 대해 살펴보고자 한다. 내가 경험한 사례에 따르면, 우리를 지지해준 관계자들은 프로젝트의 성과를 활용해 부서 이동·진급·이직 등을 하고자 하는 개인적인 니즈를 갖고 있었다. 혹은 경쟁사를 지원하는 상급자 또는 타 부서의 입지를 약화시켜 자신의 사내 입지를 강화하려는 의도로 우리를 지원해주기도 했다.

과거 외국계 장비사에 근무할 때도 비슷한 경험을 했다. 외국계인 우리 회사의 장비를 구매할 경우, 해외 교육의 기회를 가질 수 있다는 단순한 이유로 우리를 밀어준 경우도 있었다.

고객사의 다양한 니즈를 경쟁사보다 먼저 인지하고 적극적으로 만족시킨다면, 그들은 단순한 내부 지원자 수준을 넘어 우리를 위해 특별한 행동을 취해주는 열렬한 팬이 될 수도 있다. 그리고 가장 중요한 것은 이들과의 약속은 반드시 지켜야 한다는 것이다. 그래야 추후에도 지속적이고 굳건한 관계를 유지할 수 있다.

Check List ❸ 우리를 지원하거나 지원할 가능성이 있는 내부 관계자가 구매 선정기준에 영향력을 미치는가?

냉혹한 영업 현장에서 그저 마음으로만 응원해주는 관계는 아무 의미가 없다. 우리의 영업기회를 실현시켜줄 가능성이 높은 내부 관계자가 구매 선정기준에 영향력을 행사하거나 변경할 수 있을 정도의 능력이 있다고 판단되면, 그가 무엇을 원하는지 적극적으로 파악하자. 관계자의 니즈를 확인한 후에는 그 니즈를 반드시 실현시켜주겠다는 확언을 하라. 그렇게 함으로써 의사결정 과정에서 우리 측에 유리한 행동을 적극적으로 할 수 있도록 동기를 부여해야 한다.

Check List ❹ 우리를 지원하거나 지원할 가능성이 있는 내부 관계자가 긴급한 상황을 조성해줄 수 있는가?

우리의 수주를 바라는 관계자들이 회사 내부에서 우리에게 유리한 방향으로 여론을 조성할 수 있는지 파악하자. 특히 우리가 경쟁적 우위를 선점하고 있는 상황에서 고객사 쪽 여론 조성을 할 때, 우리가 아니면 안 된다는 '절박함'을 강조해야 한다. 그렇게만 한다면 경쟁사들의 반격을 효과적으로 무력화시킬 수 있다.

고객사의 현재 상황과 시장 환경을 분석해 내부관계자에게 제공함으로써 고객사 내부에 프로젝트의 긴급성을 인식시킨다. 또는 우리가 인지하지 못한 내부 정보를 활용해 긴급성이 필요한 상황이라는 여론을 조성할 수 있다.

예를 들어 우리의 서비스 운영 사례나 품질이 우수한 경우, 내부의 생산 스케줄을 조정해 납기 기한을 제한한다. 다시 말해 내부적 여론을 조성해 구매 결정 기한을 최대한 짧게 함으로써 다른 경쟁자들이 준비할 시간을 주지 않는 것이다. 기한 내에 완벽한 서비스를 제공할 수 있는 대체 불가능한 공급사로 인식하게 만들어 우리와 경쟁하는 후발주자들의 입지를 약화시킬 수 있다. 우리가 유리한 상황이거나 고객이 우리를 필요로 하는 상황이라면, 우리 입장에서 고객의 긴급성은 적극적인 영업활동 전략으로 활용 가능하다.

이때 가장 중요한 판단 요소 중 하나는 우리가 수주하기를 바라는 관계자들이 과거에도 이와 유사한 지원을 한 사례가 있는지 여부다. 만약 그런 사례가 있다면 보다 적극적으로 요청해 볼 수 있다.

영업기회가 지닌 전략적 가치는 어떻게 판단해야 하나?

특정 영업기회를 수주할 때는 고려해야 할 사항이 많다. 그중 전략적으로 고민해야 할 부분이 우리 회사의 성장성 관점에서 해당 영업기회의 가치 여부를 판단하는 것이다. 예를 들어보자. 매출이 많이 확보되는 사업인데 이익이 담보되지 않는다면 과연 수주하는 게 옳을까?

일반적으로 이러한 영업은 기피해야 할 대상으로 인식되지만 상황에 따라서는 이익률이 적거나 심지어 손해를 보는 사업이라 해도 진행해야 할 경우가 있다. 만약 이번 사업을 수주하지 않을 경우 차기 사업 진출에 제한을 받는다거나, 실주할 경우 경쟁사에 비해 전체적인 시장에서 불리한 상황에 처할 가능성이 높다면 당장의 이익을 포기하고서라도 수주해야 한다. 이처럼 영업기회는 다양한 관점에서 장단점을 따지고 중장기적 가치까지 고려해야 하는 종합예술이다. 그러므로 여러 가지 관점을 바탕으로 전략적 가치 차원에서 점검해야 할 요소를 파악하는 것이 아주 중요하다.

제1영역 _ 단기적 매출 관점에서 파악하기

법인마다 결산 시기가 다를 수는 있지만, 성과는 1년 단위의 회계연도를 기준으로 측정한다. 그리고 회계연도 내에서의 성과를 측정하는 데 있어서 매출과 이익은 가장 중요한 기준 중 하나다. 우선 단기적인 매출 관점에서 살펴보아야 할 사항부터 알아보자.

Check List ❶ 확보 가능한 매출은 어느 정도인가?

특정 영업기회가 지닌 가치를 판단하는 첫 번째 요소는 단연 매출이다. 단일 프로젝트로 확보 가능한 매출이 얼마인지 파악해야 하는데 매출 규모가 크면 클수록 가치 있는 영업기회다.

Check List ❷ 매출 규모가 자사의 내부 규정을 충족시키는가?

대부분의 회사는 내부자원의 분할손 또는 생산설비와 같은 여러 상황을 고려해 계약당 최소 매출기준과 최소 주문수량을 규정하고 있다. 회사마다 업종과 규정에 따른 차이가 존재하므로 영업기회당 매출 규모는 최소한 내부 규정에서 정한 매출 수준은 넘어야 한다.

Check List ❸ 수주 후 매출인식 및 청구까지의 기간은?

회사의 재무 관점에서 보면 사업을 수주한 후 매출인식 및 청구까지의 기간은 짧으면 짧을수록 좋다. 중장기 프로젝트의 경우 진행률 또는 지급조건에 따라 착수금과 중도금을 지불하는 것이 일반적이다. 이런 사업은 납품 완료 시점 또는 프로젝트 전체 기간이 아닌 회계적 관점의 매출 인식이 필요하다. 동시에 현금흐름도 파악해야 한다.

Check List ❹ 매출인식이 당해 회계연도 안에 가능한가?

가장 바람직한 영업기회는 프로젝트의 매출인식이 당해 회계연도에 가능한 것이다. 물론 업종의 특성에 따라 건설업처럼 장기 프로젝트를 진행해야 할 경우도 있다. 하지만 이런 경우에도 계약 시 회계연도 안에 매출인식이 가능한 현금흐름과 매출을 확보할 수 있는지 여부를 전략적으로 판단해야 한다.

제2영역 _ 미래 매출 및 사업기회 관점에서 파악하기

영업기회는 회사의 지속가능한 성장과 사업에 밑거름이 되어야 한다. 그러므로 해당 영업기회로 회사가 미래에 확보 가능한 매출은 어느 정도이며, 사업 확장이 가능한 영업기회인지 여부 등을 우선적으로 고려해야 한다.

Check List ❶ 본 사업 수주를 통해 중단기(1~3년) 내에 추가 매출인식이 가능한 사업인가?

해당 영업기회 수주를 통해 당해 회계연도 또는 최소 3년 이내에 추가 매출 또는 경쟁력 있는 사업기회를 잡을 수 있는지 고려해봐야 한다. 단기적인 매출 관점에서는 일부 손해를 보더라도 미래가치가 충분하다면 수주해야 할 영업기회로 판단하고 반드시 수주할 수 있도록 만반의 준비를 해나가야 한다.

예를 들어 도루코의 경우 본체인 면도기는 싸게 팔고 오히려 칼날을 비싸게 파는 전략을 사용한다. 면도기에 비해 칼날의 수요가 훨씬 많기 때문에 면도기의 가격은 낮추고 칼날의 가격은 높이는 것이다. B2C의 대표적 예지만, 동일 서비스 확대, 유지 보수를 통한 추가 매출 또는 파생 상품(시장) 진출 등의 측면에서 보면 B2B에서도 그 원리는 같다.

Check List ❷ 사업 규모 및 실행 기간 관점에서 가치 있는 영업기회인가?

모든 영업기회가 의미 있는 것은 아니다. 매출 규모 또는 실행 기간에 따라 회사의 사업에 미치는 영향이 다르기 때문이다. 아무리 매출 규모가 큰 사업이라 해도 사업 실행을 3년 이상 해야 그 이후부터 실질적인 수익을 거둘 수 있다면, 그 기간의 기회비용을 고려해서 사업의 가치를 냉철하게 판단해야 한다.

Check List ❸ 미래사업 매출과의 연계성이 확실한 영업기회인가?

해당 영업기회가 미래사업의 매출과 연계성이 명확한지 여부를 따져볼 필요가 있다. 당장의 프로젝트 영업이익이 적더라도 우리가 지향하는 새로운 시장의 미래사업 매출로 이어질 확률이 높다면, 그 가능성 관점에서 프로젝트 수주 여부를 판단해야 한다. 만약 프로젝트 수행이 새로운 시장기회나 사업 확장으로 이어질 수 있다면, 현재 예상되는 시장 동향·고객 수요 변화·경쟁 상황 등을 종합적으로 분석해 추후 매출 확보 가능성 및 규모를 평가할 수 있다.

Check List ❹ 해당 영업의 수주로 현재 고객의 미래사업 참여가 가능한가?

영업활동을 하다 보면 고객사의 미래사업에 참여할 수 있는 가능성을 보장받는 것이 중요한 프로젝트도 있다. 예를 들어 대형 공공 프로젝트의 경우 몇 차에 걸쳐 단계별 사업으로 각각 발주하는 경우가 있다. 이때 1차 사업자를 복수로 선정하기도 하며, 2차 사업에서 1차 사업 참여사에게만 입찰의 기회를 주기도 한다. 또한 구축사업 후 이에 대한 운영사업이 예상될 때도 기존 사업자가 더 유리하다. 구축사업을 수행한 사업자는 고객과의 관계가 형성되어 있고, 구축의 현황도 잘 알고 있기 때문이다. 이런 이유로 향후 운영사업자로 참여할 때 정성적인 경쟁우위를 얻을 수 있다.

그 외에 현실적으로 고객에게서 직접적인 사업 참여를 보장받기는 어렵지만, 가능성 차원에서 경쟁우위를 획득할 수 있는 모든 경우를 고려해야 한다. 이때도 고객 데이터와 시장 데이터를 분석해 현재의 영업기회가 미래의 추가 사업기회로 이어질 가능성을 식별할 수 있다. 이는 장기적인 고객 관계 구축 및 전략적 파트너십 확대에 중요한 근거를 제공한다.

제3영역 _ 이익 관점에서 파악하기

기업은 본질적으로 영리를 추구한다. 영업기회를 판단하고, 그 가능성을 높이기 위한 활동을 할 때도 가장 최우선으로 고려해야 할 요소는 이익이다.

Check List ❶ 해당 영업기회의 예상이익 및 이익률은 얼마인가?

특정 영업기회를 수주할 때 예상되는 이익 규모와 이익률을 철저히 따져봐야 한다. 이때는 유사한 영업기회의 이익 규모와 비교해서 투입되는 기간과 자원 대비 이익률의 차이를 분석하는 과정을 거쳐야 한다.

Check List ❷ 예상이익률이 자사 내부 규정 기준을 충족하는가?

영업기회의 이익률을 산출할 때는 자사 내부 규정보다 높은 수준인지를 파악해야 한다. 특히 프로젝트를 진행할 때 소요되는 비용을 철저히 분석하고 냉철하게 평가해야 향후 성공적인 사업 수주라는 평가를 받을 수 있다.

Check List ❸ 고객의 할인 요구가 이익에 미치는 영향을 파악하고 있는가?

우선협상대상자로 선정된 후에는 고객사와 최종적으로 가격 및 조건 협의에 들어간다. 이때 고객이 요구할 법한 할인 및 추가 요구 조건의 수준을 미리 예측하고, 이것을 고려한 이익률을 사전에 산출해놓아야 한다. 특히 고객사의 할인 요구가 회사 내부 기준에 부합되는 수준인지를 확인하는 것이 중요하다.

이때 다양한 시나리오를 짜놓고 그것이 이익률에 미치는 영향을 예측하면, 내부 기준에 부합하는 최적의 전략 수립이 가능하고 프로젝트 수행 시 위험 요소도 최소화할 수 있다.

Check List ❹ 영업기회의 이익률을 개선할 방안이 있는가?

영업이익률을 개선하기 위해서는 사업수행 과정을 세부적으로 분석해서 원가절감이 가능한 요소를 찾아야 한다.

제4영역 _ 위험관리 관점에서 파악하기

/

"보기 좋은 떡이 먹기도 좋다."라는 속담이 있다. 하지만 B2B 영업에서는 절대 그렇지 않다. 사업 수주 자체가 위험성을 내포하고 있는 경우도 있지만, 우리 회사의 상황 및 역량에 따른 위험도 무시할 수 없기 때문이다.

그러므로 영업기회를 판단할 때는 다면적인 위험 평가를 실행해야 하는데 이때 반드시 점검해야 할 항목들이 있다. 이러한 과정들이 미흡하면 '보기 좋은 떡'을 먹다 체하는 일이 부지기수다. 결과적으로 회사에 큰 손해를 끼칠 수도 있다.

Check List ❶ 실패 가능성과 리스크 요인을 예측할 수 있는가?

영업 수주 후 고객에게 제안한 가치를 실현하는 과정인 사업 수행 도중에 다양한 위험 상황에 직면할 수 있다. 그래서 공급사는 항상 이슈와 위험관리에 집중해야 한다.

현 상황에서 영업기회를 분석해볼 때 고객에게 약속한 가치를 구축하는 것에 실패할 가능성이 어느 정도인지 예상할 수 있어야 한다. 영업기회가 완제품 공급과 같은 단순 프로젝트인 경우는 드물다. 대부분의 프로젝트는 복잡한 고객의 요구사항을 지속적으로 처리해야 하며, 그 과정에서 예기치 못한 위험에 처할 수도 있다. 그러므로 최악의 상황을 사전에 예상하고 대비책까지 마련해야 한다.

영업 및 향후 수행을 담당할 구성원은 법무·재무·인사 등 관련 부서의 지원을 받아 프로젝트의 다양한 위험 요소를 식별하고 가능성도 예측할 수 있어야 한다. 특히 계약 조건과 요구사항 등을 분석하고, 잠재적인 법적 위험 및 계약상의 리스크를 평가할 필요가 있다. 그래야 보다 안전한 계약 조건으로 협상이 가능하다. 이처럼 영업기회를 판단하고 실행하는 과정에서는 "최선을 희망하되 최악을 대비하라."는 격언에 유념해야 한다.

Check List ❷ 사업가치 증명을 위한 결정적 요인 도출과 실현이 가능한가?

영업활동의 핵심은 고객의 고유한 사업가치를 개발해서 제안하는 것이다. 고객이 우리를 선택한다면 그 사업의 가치를 반드시 증명해 보여야 한다. 이로써 지속가능한 비즈니스를 할 수 있으며 사업을 확장할 수 있다. 이러한 비전을 실현하기 위해 단기적으로는 해당 영업활동에서 고객에게 제시한 가치를 최대한 정량화해야 한다. 그리고 프로젝트 진행 과정 및 구축 또는 서비스 제공 중에 지속적으로 고객에게 가치를 증명할 방안을 수립해야 한다. 이때 구체적인 계획을 세워 준비하되 고객에게 신뢰를 얻을 수 있는 수준인지에 대한 판단이 필요하다.

Check List ❸ 고객의 책임으로 실패할 가능성과 리스크 요인 예측이 가능한가?

영업기회를 구축하다 보면 특정 상황에서 고객의 전략 부재 또는 고객 측의 피치 못할 사정으로 위험에 처할 수 있다. 이러한 경우에 대비해서 영업기회 전반을 분석해야 한다. 고객의 영향으로 위기에 처할 수 있는 가능성을 진행 단계별로 타진해보면서 사전준비를 하자.

과거 국내 최초의 기술방식으로 통신망을 구축하고 단말기를 교체하는 국방 프로젝트를 수행한 적이 있다. 국방이라는 특성상 국가기관에서 제공하는 보안모듈을 탑재한 후 서비스를 제공해야만 군의 '작전 요구 성능Required Operational Capability, ROC'을 만족시킬 수 있었다. 국가기관에서 보안모듈을 제공해주기 때문에 당시 우리는 고객 측에서 완벽하게 책임지고 진행해줄 거라 생각했다. 그래서 위험요인으로 구분하긴 했으나 위험 레벨을 높게 상정하지는 않았다. 하지만 실제 프로젝트를 진행해

보니 우리 예상과 달리 보안모듈에 대한 접근성이 극히 제한적이었고, 고객의 협조도 미미했다.

결국 아무것도 보이지 않는 블랙박스 같은 모듈을 우리가 구축하는 시스템과 연동하는 방식을 택할 수밖에 없었다. 최종적으로 구축에 성공했으나 애초 예상한 일정보다 1년 이상 지난 후에 마무리할 수 있었다. 당연히 고객사는 프로젝트 지연의 책임을 제기했고 법적소송으로까지 비화되었으나 우리 회사의 부분 승소로 마무리되었다. 고객사의 책임소재가 우리보다 더 컸음에도 해당 프로젝트의 원가 수준은 우리의 예상을 훌쩍 뛰어넘어버렸다. 국내 최초로 시도한 기술로 주목받은 프로젝트였지만 안타깝게도 이익 관점에서는 실패하고 말았다.

Check List ❹ 수주 또는 수행 실패 시 회사 차원의 타격은 어느 정도인가?

공들인 영업기회를 수주했지만 구축에 실패할 경우, 회사 전반의 비즈니스에는 악영향을 미칠 것이 자명하다. 그러므로 앞서 언급했듯이 성공을 바라되 계획 관점에서는 최악을 가정하고 대비해야 한다.

최악의 상황을 2가지 관점에서 상정해서 살펴보고자 한다.

예를 들어 우리가 업계 최고의 명성을 가진 솔루션 및 서비스 사업자라고 가정해보자. 그런데 특정 프로젝트의 업체 선정기준이 솔루션이나 서비스가 아니라, 인맥과 같은 비공식적인 기준이라면 어떻게 해야 할까? 만약 이런 프로젝트의 수주에 실패하면 경쟁사는 우리가 제공한 솔루션이나 서비스에 대해 근거 없는 흑색선전을 펼칠 가능성이 높다. 이 경우 과연 우리가 적극적으로 영업활동을 해야만 하는 걸까?

다른 예로 우리의 업력과 능력을 고려할 때 감당하기 힘든 영업기회도 있다. 이 경우 우여곡절 끝에 수주한다 해도 구축에 실패한다면 우리가 하는 사업을 아예 접어야 하는 사태가 발생할 수 있다. 실제로 나 역시 이와 유사한 의사결정을 해야 하는 상황에 놓인 적이 있었다. 대기업 계열사 임원 시절의 일이다. 회사가 방역 서비스를 본격적으로 시작한 지 2년 정도 되던 해에 코로나 팬데믹이 시작되었다. 당연히 여러 행사가 중지되었지만 다행히도 국내에서 개최되는 소규모 영화제인 평창국제영화제가 열렸고, 방역 서비스를 맡아 성공적으로 마쳤다.

이후 우리 회사 서비스에 만족한 영화제 담당자의 소개로 부산국제영화제 방역 서비스도 맡게 되었다. 그런데 영화제 규모 자체가 아시아권 최대였기 때문에 우리 회사의 서비스 역량으

최강 조직을 위한 B2B 영업 특강

로는 다소 벅찬 감이 있었다. 또한 그 무렵은 코로나 변종인 오미크론이 창궐하던 시기였다. 만약 영화제 기간 중 감염사태가 발생한다면 회사의 명성뿐 아니라 서비스 품질에 대한 신뢰에도 막대한 영향을 끼칠 수 있는 상황이었다.

회사 내부에서도 심도 있게 고민한 결과, 가장 중요한 것은 서비스 품질과 관람객들의 방역 안전이라는 데 의견이 모아졌고 새로운 전략을 수립했다. 회사의 수익성보다는 서비스 품질에 주안점을 두고 전국에서 우수한 파트너와 공동으로 전담팀을 구성하는 서비스 전략을 구축하기로 한 것이다. 결과는 대성공이었지만, 만약 실패했다면 어떤 결과를 초래했을까? 결론적으로 우리 회사의 이익에는 큰 도움이 되지 못했지만, 국제적인 행사의 방역 서비스를 성공적으로 마무리함으로써 회사의 신뢰도를 높이고 명성을 확보할 수 있었다.

제5영역 _ 회사의 미래전략적 관점 파악하기

모든 기업의 궁극적인 목표는 기업가치의 극대화와 지속적인 성장으로 유무형의 가치를 창출하는 것이다. 이를 위해 기업은 사업 영역을 확정하고, 내부 영역과 주변 영역을 아우르며 확장해나가는 계획을 세운다. 우리는 이것을 '기업전략'이라 부른다.

영업자들이 집중하는 각각의 사업기회들도 궁극적으로는 기업전략에 부합해야만 한다. 이런 점형의 기회가, 회사가 지향하는 기업가치의 극대화 방향으로 이어지면 선형으로 완성되어 폭발적인 시너지를 낼 수 있다. 지금부터는 그동안 검토해온 영업기회가 전략적 관점에서 회사의 미래사업에 어떤 의미를 가질 수 있는지 구체적으로 점검해보고자 한다.

Check List ❶ 매출 확보 이상의 추가적 사업가치가 있는가?

영업기회가 지닌 가치를 판단할 때는 매출 관점만이 아닌 기업전략의 관점에서도 살펴봐야 한다. 현재 점검하는 영업기회가 회사의 미래사업에 어떤 의미를 가질 수 있는지에 대한 깊은 고찰이 필요한 것이다.

추가적인 사업가치인지 아닌지 판단하기 위해서는 우선 '기업전략'에 부합하는지 여부를 따져봐야 한다. 혹은 전 단계인 '사업전략'의 관점에서 살펴볼 필요도 있다. 사업을 해보고 싶은 업종 내에서 우리가 '되고 싶은To-Be' 모습을 설정하고, 우리의 영업기회가 회사의 미래상에 얼마나 기여할 수 있는지를 판단해야 한다.

미래전략과 관련한 효과적인 판단을 위해서는 맥킨지의 '3H 성장모델'을 살펴볼 필요가 있다. 이는 기존사업 운영과 신규사업New Sales 진출의 균형점을 찾아 조직 내에 공유하는 데 널리 사용되는 프레임이다. 기업에 가장 중요한 요소를 '성장'으로 규정하고, 지속가능한 성장을 3단계 호라이즌Horizon으로 나누어 제시하고 있다. 아래 그림을 보면 해당 영업기회가 어떤 호라이즌에 속하는지 판단할 수 있으며, 나아가 미래가치에 대해 고민해볼 수 있다.

3H성장모델

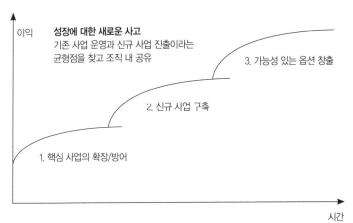

이익

성장에 대한 새로운 사고
기존 사업 운영과 신규 사업 진출이라는
균형점을 찾고 조직 내 공유

3. 가능성 있는 옵션 창출

2. 신규 사업 구축

1. 핵심 사업의 확장/방어

시간

Check List ❷ 영업 수주로 유사 고객과 시장으로의 기회 창출이 가능한가?

현재 수주를 계획 중인 영업기회가 '3H 성장모델'에서 호라이즌 1단계인 '핵심 사업의 확장과 방어', 2단계인 '신규 사업의 구축' 사이에 존재하는지 판단해봐야 한다.

'핵심 사업의 확장과 방어'는 현금흐름과 이익의 주요 원천인 현재의 핵심 비즈니스에 초점을 맞춘다. 제품 업그레이드, 새로운 기능 추가, 고객 서비스 개선을 통해 단기이익과 비즈니스 프로세스를 개선하는 것도 여기에 포함된다.

2단계인 '신규 사업의 구축'은 현재의 비즈니스 활동을 성장이 약속된 새로운 영역으로 확장하는 것으로, 기존 시장 내에서의 혁신이나 새로운 시장 탐색의 활동을 포함한다.

이로써 해당 영업기회가 회사의 비즈니스 모델을 어떻게 진화시켜 신규 수익원을 창출할 수 있는지에 대해 평가해볼 수 있다. 현재의 영업기회가 지닌 가치에 대해 재고해보는 기회이기도 하다.

Check List ❸ 우리 회사의 현재 및 미래 비즈니스에 적합한 영역인가?

테슬라 CEO인 일론 머스크의 화성 이주 프로젝트가 처음 발표되었을 때는 '몽상가의 황당한 상상'이라는 반응 일색이었다. 하지만 테슬라의 전기차 사업, 우주선을 재활용하는 스페이스X의 우주로켓 사업, 휴머노이드 로봇인 '테슬라봇'의 놀라운 성과를 보면 일론 머스크의 원대한 꿈의 퍼즐판이 하나씩 맞춰지고 있다는 생각이 든다.

특히 그의 비전이 현재 인류가 처한 환경문제와 여러 가지 한계 상황을 극복하는 데 실질적인 도움이 될 수 있다는 가능성이 커지면서 화성 이주 프로젝트도 현실감 있게 다가오고 있다. 그 시기가 2026년에서 2029년으로 지연되기는 했지만 이제 어느 누구도 일론 머스크를 몽상가로 치부하지 않는다.

이처럼 기업의 리더는 비전을 수립하고 이를 실천하기 위해 노력해야 한다. 미래사업 영역이 현 시점에서는 다소 먼 미래에나 가능한 일처럼 느껴지고 현재 상황과도 맞지 않는 것처럼 보이더라도 말이다. 다시 말해 3H 성장모델에서 호라이즌 2단계인 '신규 사업의 구축' 영역을 넘어서 호라이즌 3단계인 '가능성 있는 옵션 창출'이라는 관점에서 끊임없이 미래가치를 고찰해야 한다. 또한 장기적인 성장기회를 도모하기 위해 연구개발에 투자하고, 새로운 기술과 시장 또는 비즈니스 모델을 탐색하면서 동시에 합병 및 인수도 해나가야 한다.

영업자들이 현재 추진 중인 영업기회의 가치를 판단할 때도, 현재 비즈니스를 넘어 회사의 미래 성장엔진을 창출하는 활동 인지 아닌지를 염두에 둘 필요가 있다.

Check List ❹ 회사의 서비스와 솔루션에 어떤 긍정적 영향을 미치는가?

영업기회가 지닌 가치를 제대로 평가하기 위해서는 회사의 솔루션이나 서비스에 무형적이지만 긍정적 영향을 끼치는 요소가 무엇인지도 파악해야 한다. 가령 해당 영업기회의 성공을 위해 시장에서 적극적이고 다양한 홍보를 하다 보면 자연스럽게 고객의 신뢰를 높일 수 있다. 또한 우리의 솔루션이 특정 산업 내에서 '디팩토de facto'와 같은 위치를 점유할 수 있는 기회의 시발점을 마련할 수 있다. 그 외에도 우리가 제공하는 솔루션 또는 서비스가 ESG 관점에서 사회에 기여한다면, 새로운 화두가 되어 회사 및 해당 솔루션에 긍정적인 영향을 미치게 된다.

성공적인 영업기회 판단을 위한 실전 점검 템플릿

지금까지 영업기회를 발견하고 가치를 판단하는 4가지 기준인 실현 가능성, 경쟁력, 수주 가능성, 전략적 가치와 각 기준의 영역별 체크리스트에 대해 설명했다. 이를 현업에서 효과적으로 활용하기 위해 체크리스트 템플릿을 제공하고자 한다.

각 영역의 체크리스트별로 5점 척도(실현 가능성 제5영역 체크리스트⑤ '고객사 내 결정적 의사결정 이벤트 도출'은 별도)를 사용해 평가할 것을 권장한다.

점검 시점의 영업기회를 판단하는 데 있어 우리와 주요 경쟁사에 대해서도 동일하게 실시한다. 우리와 경쟁사 강약점/고객의 상황 분석을 통해 고유한 사업의 가치를 도출하고 전략을 수립하는 데 활용할 수 있다.

이 점검은 영업활동 초기에 난 한 번민 하는 것이 아니다. 영업활동을 하는 과정에서 상황이 변화할 때마다 수시로 점검해 결과가 어떻게 달라졌는지 인지하고, 영업팀 내부 및 관리자와 공유하자. 이에 따른 가치 제안 및 전략을 변화 및 실행을 위한 판단 기준으로 사용하길 바란다.

영업기회 평가 1.
실현 가능성 점검 체크리스크

- 날짜를 표시하고 각 항목에 5점 척도를 사용해 현재 위치를 평가하여 우측에 기입하세요.
- 모르면 물음표를 표시하세요.
- 경쟁업체의 입장을 같이 평가해야 합니다.
- 영업 기간 중 중요한 시점에 반복해 업데이트해야 합니다.
- 제5영역은 내용 확인 유무(O, X)와 내용을 별도로 기술해주세요.

_____ 년 _____ 월 _____ 일

				자사	경쟁사
제1영역 고객 프로젝트에 대한 이해	1	고객 요구사항에 대한 이해도	높음		
			낮음		
	2	고객 Key Issue와 목표와의 연결성	높음		
			낮음		
	3	프로젝트 Leading 고객과 실무자 친밀도 및 접근성	높음		
			낮음		
	4	프로젝트와 고객사 사업전략의 연계성	높음		
			낮음		
제2영역 고객 사업에 대한 이해	1	고객 서비스 및 상품의 이해도	높음		
			낮음		
	2	고객이 지향하는 시장의 이해도	높음		
			낮음		
	3	고객의 주요 고객 및 경쟁사의 이해도	높음		
			낮음		
	4	고객 사업의 내/외부 중요사안의 이해도	높음		
			낮음		

최강 조직을 위한 B2B 영업 특강

				자사	경쟁사
제3영역 고객 재무상태 및 성과지표 이해	1	고객의 매출과 이익의 추세를 파악	확인		
			미확인		
	2	동종업계 대비 고객의 재무 상태	확인		
			미확인		
	3	고객의 재무 추세를 전망 가능	확인		
			미확인		
	4	고객의 핵심성과지표에 대한 이해	확인		
			미확인		
제4영역 고객 프로젝트 예산의 가시성	1	프로젝트를 위한 예산 편성 여부	확인		
			미확인		
	2	예산 편성 과정에 대한 이해 및 영향력 가능성	이해 및 개입 가능		
			이해 낮고 개입 불가		
	3	고객사 내 우선순위 프로젝트 존재 유무	없음		
			있음		
	4	예산 편성 취소/전용의 가능성	없음		
			있음		
제5영역 고객사 내 결정적 의사결정 이벤트 도출	1	고객은 이 프로젝트를 왜 해야 할까?	확인		
	2	프로젝트 실행을 위한 의사결정 기한을 확인했는가?	확인		
	3	프로젝트 지연 시 예상되는 결과는 무엇인가?	확인		
	4	기간 내 프로젝트 완료 시 예상되는 대가는?	확인		
	5	프로젝트가 고객 비즈니스에 미치는 영향은?	확인		

영업기회 평가 2
경쟁력 점검 체크리스트

- 날짜를 표시하고 각 항목에 5점 척도를 사용해 현재 위치를 평가합니다.
- 모르면 물음표를 표시하세요.
- 경쟁업체의 입장을 같이 평가해야 합니다.
- 영업 기간 중 중요한 시점에 반복해 업데이트해야 합니다.

_____ 년 _____ 월 _____ 일

				자사	경쟁사
제1영역 고객의 구매 동인 및 프로세스의 이해	1	고객의 구매의사결정 기준 이해	높음		
			낮음		
	2	고객의 공식적인 구매 프로세스 이해	높음		
			낮음		
	3	구매 우선순위를 파악 가능	가능		
			불가능		
	4	구매기준을 정하는 부서에 대한 이해도	높음		
			낮음		
제2영역 솔루션 혹은 서비스 (상품)의 적합도	1	고객의 문제를 어떻게 해결할 수 있는가?	설명 가능		
			설명 불가능		
	2	솔루션(서비스)에 대한 고객의 의견	환영/찬성		
			무관심/반대		
	3	공급을 위해 변경요소와 개선 필요 여부	없음		
			많음		
	4	요구사항과 관련한 외부자원 및 규모	없음		
			많음		

최강 조직을 위한 B2B 영업 특강

				자사	경쟁사
제3영역 영업자원 요구사항 이해	1	영업기회에 소요되는 투자 시간은?	많음		
			작음		
	2	별도의 내·외부 자원이 필요한가?	많음		
			작음		
	3	영업수행을 위해 필요한 비용	많음		
			작음		
	4	영업기회와 관련한 기회비용	낮음		
			높음		
제4영역 고객과의 관계	1	현재 우리와 고객과의 관계는?	좋음		
			나쁨		
	2	유력 경쟁사와 고객과의 관계는?	나쁨		
			좋음		
	3	고객과의 관계상 우리가 경쟁우위를 확보할 가능성?	가능		
			어려움		
	4	프로젝트 관점에서 이상적인 관계를 형성할 가능성?	가능		
			어려움		
제5영역 고유한 사업가치의 도출 및 가치 제안	1	사업의 가치는 측정 가능하고 정의되어 있는가?	정의/측정 가능		
			정의/측정 불가능		
	2	고객의 사업의 가치 안에서 우리 가치를 설명할 수 있는가?	설명 가능		
			설명 어려움		
	3	고객은 우리가 제공한 가치에 대하여 이해하고 확인 해주었나?	이해/확인		
			아님		
	4	경쟁사 대비 우리의 가치가 차별화 요소를 가지고 있는가?	있음		
			없음		

영업기회 평가 3.
수주 가능성 점검 체크리스크

- 날짜를 표시하고 각 항목에 5점 척도를 사용해 현재 위치를 평가합니다.
- 모르면 물음표를 표시하세요.
- 경쟁업체의 입장을 같이 평가해야 합니다.
- 영업 기간 중 중요한 시점에 반복해 업데이트해야 합니다.

_____ 년 _____ 월 _____ 일

				자사	경쟁사
제1영역 고객사 내부의 지원	1	고객사 내부에 우리의 지원자가 있는가?	있음		
			없음		
	2	고객 내부 지원자가 우리를 위해 어떤 행동을 취했나?	있음		
			없음		
	3	고객 내부 지원자가 지속적 도움을 줄 수 있는가?	있음		
			없음		
	4	고객 내부 지원자가 조직 내에서 능력을 인정받고 있는가?	있음		
			없음		
제2영역 고객사 임원급의 신뢰	1	프로젝트에 영향을 미치는 임원에 대해 파악하고 있는가?	확인 가능		
			확인 불가능		
	2	그들과 신뢰관계를 구축해왔는가?	기 구축/구축 가능		
			관계 형성 불가능		
	3	그들에게 접근할 계획 및 전략이 있는가?	있음		
			없음		
	4	그들이 우리를 먼저 찾게 할 계획이 있는가?	있음		
			없음		

				자사	경쟁사
제3영역 기업문화 관점에서의 적응성	1	고객사만의 고유한 조직문화가 있는가?	명확/확인 가능		
			없음/확인 안 됨		
	2	고객사와 우리 회사의 문화적 유사점이 있는가?	많음		
			없음		
	3	주목해야 할 고객의 경영철학이 있는가?	있음		
			없음		
	4	고객 문화에 우리 실무진과 임원급이 맞추고 지원할 의향이 있는지?	있음		
			없음		
제4영역 비공식적인 구매 선정기준	1	구매의사결정의 실제 방식을 파악 여부	명확히 파악		
			파악 못함		
	2	무형 또는 주관적인 선정기준 존재 여부	많음		
			없음		
	3	고객이 공급사에게 공유하지 않은 이슈가 있는가?	있음		
			없음		
	4	핵심관계자와 영향력 있는 실무진의 사견을 인지하고 있는가?	인지		
			미인지		
제5영역 고객 내부 정치 관점에서 핵심관계자 파악	1	의사결정에 결정적인 역할을 하는 관계자는 누구인가?	명확히 파악		
			파악불가		
	2	우리를 지지하는 핵심관계자의 존재와 그 이유는 무엇인가?	존재/이유 파악 O		
			미존재/이유 파악 X		
	3	내부 관계자가 구매 선정기준에 영향력을 미치는가?	가능		
			불가능		
	4	내부 관계자가 긴급한 상황을 조성해줄 수 있는가?	가능		
			불가능		

영업기회 평가 4.
전략적 가치 점검 체크리스크

- 날짜를 표시하고 각 항목에 5점 척도를 사용해 현재 위치를 평가합니다.
- 모르면 물음표를 표시하세요.
- 경쟁업체의 입장을 같이 평가해야 합니다.
- 영업 기간 중 중요한 시점에 반복해 업데이트해야 합니다.

_____ 년 _____ 월 _____ 일

				자사	경쟁사
제1영역 단기적 매출 관점	1	확보 가능한 매출은 어느 정도인가?	많음		
			적음		
	2	매출 규모가 내부 규정을 충족시키는가?	충족		
			미충족		
	3	수주 후 매출인식 및 청구까지의 기간은?	단기		
			장기		
	4	매출인식이 당해 회계연도 안에 가능한가?	가능		
			불가능		
제2영역 미래 매출 및 사업기회 관점	1	중단기(1/2/3년) 이내에 추가 사업을 통한 매출인식 가능?	존재함		
			존재하지 않음		
	2	사업 규모 및 실행 기간 관점에서 가치 있는 영업기회인가?	있음		
			없음		
	3	미래사업 매출과의 연계성이 확실한 영업기회인가?	명확		
			불명확/없음		
	4	해당 영업의 수주로 고객의 미래사업 참여가 가능한가?	가능		
			불가능		

					자사	경쟁사
제3영역 이익 관점	1	예상이익 및 이익률은?	높음			
			낮음			
	2	예상이익률이 자사 내부 규정 기준을 충족하는가?	기준 충족/이상			
			미충족			
	3	고객의 할인 요구가 이익에 미치는 영향을 파악하고 있는가?	있음			
			없음			
	4	이익률을 개선할 방안이 있는가?	있음			
			없음			
제4영역 위험관리 관점	1	실패 가능성과 리스크 요인을 예측할 수 있는가?	예측가능			
			예측 불가능			
	2	사업가치 증명을 위한 결정적 요인 도출과 실현이 가능한가?	가능			
			불가능			
	3	고객의 책임으로 실패할 가능성과 리스크 요인 예측이 가능한가?	예측 가능			
			예측 불가능			
	4	수주 또는 수행 실패 시 회사 차원의 타격은 어느 정도인가?	높음			
			낮음			
제5영역 미래 전략적 관점	1	매출 확보 이상으로 추가적 사업가치가 있는가?	있음			
			없음			
	2	유사고객과 시장으로의 기회 창출이 가능한가?	가능			
			어려움/불가능			
	3	현재 및 미래 비즈니스에 적합한 영역인가?	매우 적합			
			적합하지 않음			
	4	회사의 서비스와 솔루션(상품)에 어떤 긍정적 영향을 미치는가?	있다			
			없다			

비즈니스 파트너의 선정 및 판단기준

B2B 사업에서 파트너의 중요성과 선택의 프레임워크

B2B 사업은 단순 납품처럼 하나의 회사가 수행하는 단순한 사업도 있지만 대부분은 프로젝트 사업으로 수주와 구축을 위해 역량이 다른 다수의 회사들이 힘을 합쳐 수행하는 팀워크가 중요한 사업 분야. 기업들은 솔루션(서비스)을 통해 고객에게 고유한 비즈니스 가치를 전달한다. 이때 모든 역량을 내재화하고 있다면 문제가 되지 않는다. 그러나 실제 그런 경우는 거의 없다.

고객에게 믿을 만한 서비스를 제공하기 위해서는 우리가 먼저 '고객의 믿을 만한 파트너Trustworthy Partner'가 되어야 하며, 우리에게도 믿을 만한 파트너가 필요하다. 이는 사업의 필수 불가결한 요소다. 물론 과거에 같이 일했던 경험과 역량, 기존의 관계를 무시할 수는 없다. 그럼에도 영업기회의 성격과 파트너의 역량을 고려해 최적의 파트너와 함께 영업기회를 공략해야 한다. 또한 영업활동을 포함해 가치사슬 전반에서 실행하는 것이 B2B 사업 성공의 첫걸음이다. 이러한 사실을 생각한다면 전략적 관점에서 최적의 파트너를 선택하는 것은 당연한 일이다.

영업기회에 적합한 파트너 선택 프레임워크

영업기회를 만드는 데 적합하고 기여도가 가장 높은 비즈니스 파트너를 선택하려면 어떻게 해야 할까? 먼저 비즈니스 파트너가 지닌 역량을 기반으로 분류해야 한다. 먼저 분야와 풀Pool을 기반으로 우리에게 필요한 파트너를 선정한다. 우리의 B2B 가치사슬 내에서 원하는 역할과 고려사항에 따라 풀을 선정한다. 그런 후 우리의 영업기회 판단의 결과를 고려해 최종적으로 가장 적합한 파트너를 찾아내야 한다. 그 방법은 다음과 같다.

비즈니스 파트너 선정기준

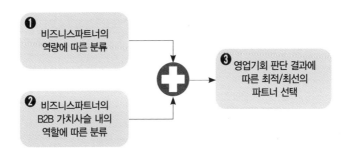

비즈니스 파트너의 역량 관점에서의 분류

비즈니스 파트너와 일하는 궁극적인 목적은 무엇일까? 우리를 지원해 영업전략 및 행동을 정교화함으로써 영업기회의 수주 확률을 높이는 것이 그 목적이다. 또한 우리의 솔루션(서비스)을 고객과 약속한 대로 제공할 수 있도록 효과적으로 지원하고 시장을 확대하는 데 기여할 수 있어야 한다. 이를 토대로 우리가 원하는 파트너를 5가지 역량 관점에서 구분해볼 수 있다.

① 영업기회 : 새로운 시장이나 고객의 영업기회에 대한 정보를 제공하는 파트너
② 관계 강화 : 고객 내 조직에서 핵심관계자와의 관계를 강화해줄 수 있는 파트너
③ 시장 확장 : 특정 산업 내 새로운 분야(우리가 미 진출한)의 경험을 통해 시장 확장에 도움을 줄 수 있는 파트너
④ 역량 강화 : 고객이 원하는 '완전한(통합) 솔루션'을 제공할 수 있도록 우리 회사의 역량을 강화해줄 수 있는 파트너
⑤ 위험 감소 : 서비스 구현 및 복잡한 솔루션과 관련된 위험을 최소화해줄 수 있는 파트너

특정 영업기회의 파트너를 선택하고자 할 때는 우리의 영업기회 관점을 4개의 큰 기둥과 20개 관점에서 판단한 결과에 기반해야 한

다. 그렇게 해서 우리에게 필요한 파트너를 우리가 원하는 롤Role과 역량 관점에서 구분하자. 또한 기존의 파트너를 포함해 시장에서 가장 적합한 파트너 풀을 구성하고 그중에서 최적 또는 최선의 파트너를 선정해야 한다.

B2B 가치사슬 내에서 비즈니스 파트너의 역할 분류와 고려사항

우리의 B2B 가치사슬은 크게 5단계로 아래와 같이 분류할 수 있다. 각 단계마다 고려사항은 당연히 다르고, 이러한 고려사항에 유념해 파트너를 선정해야 한다.

B2B 가치사슬

솔루션

- 우리 회사의 경쟁력을 높이기 위한 파트너사의 솔루션을 가지고 있는가?

우리 회사의 경쟁력을 높이는 데 도움이 되는 솔루션을 보유하고 있어야 한다. 더불어 우리 회사의 기존 솔루션과 상충하는지 여부, 필요할 경우 우리 회사 솔루션의 일부로 연동이 가능한지에 대해서도 검토가 필요하다.

- **경쟁사는 이 파트너와 어떤 작업을 하고 있는가?**

대부분의 파트너는 지분 관계 또는 특수 관계와 같은 특별한 경우를 제외하고는 대체로 우리에게 우호적이다. 이처럼 우리의 경쟁사도 우호적인 관계를 갖고 사업을 확장하기를 원한다. 그러므로 파트너와 경쟁사가 어떤 작업을 하고 있는지 살펴야 하며, 비즈니스 성과에 대해서도 검토해야 한다. 아무리 좋은 솔루션을 가진 파트너라 해도 경쟁사와 밀접한 관계를 맺고 있다면 조심할 필요가 있다. 사전에 '비밀 유지계약Non Disclosure Agreement, NDA' 같은 법적인 조치를 취한다 해도 일부 영업 정보는 경쟁사로 넘어갈 가능성이 높다. 특히 파트너사가 우리보다 규모가 작을 경우 사회통념상 제제를 가하기 어려운 측면이 있으므로 주의해야 한다.

마케팅

- **동종업계 또는 특정 산업 분야에서 명성 또는 시장점유율 우위를 보유하고 있는가?**

우리가 공략하려는 업계 또는 진출하고자 하는 산업 분야에서 명성 또는 시장점유율이 높은 솔루션(서비스)을 보유하고 있는지 점검

최강 조직을 위한 B2B 영업 특강

해야 한다. 만일 그렇다면 일부 마케팅 자원이 부족하다고 해도 우리의 마케팅 능력을 활용해 '공동 마케팅'을 진행할 수 있다. 또는 자사 브랜드를 이용해 파트너사의 솔루션(서비스)을 판매하는 '화이트 라벨링White Labeling', 파트너가 우리 회사에 제품 솔루션을 제공하는 생산 방식인 'OEM/ODM 방식' 등 다양한 협업이 가능하다.

• 파트너사 내의 리소스를 동종업계 또는 특정 산업 분야 마케팅활동에 투입할 수 있는가?

파트너사의 마케팅 역량이 동종업계 또는 진출하고자 하는 특정 산업 분야에서 우위에 있다면, 파트너사의 마케팅 역량을 활용해 협업을 진행하자. 이럴 경우 서로 원원할 방안을 모색할 수 있다.

영업

• 파트너사의 영업팀과 우리 영업팀이 효율적으로 일할 수 있는 환경인가?

사전에 R&R과 목표에 대한 명확한 합의가 전제되는 것은 기본이다. 그러나 파트너사의 영업팀과 과거의 사례에 비추어 볼 때 효율적으로 일한 경험이 있는지 또는 파트너사의 경영진과 자유로운 소통이 가능한 채널이 있는지 등을 점검해야 한다. 영업적으로 대치되는 상황이 발생할 경우 갈등을 해결할 만한 환경인지를 판단하는 것이 중요하다.

• 파트너사는 당신과의 협업에 적합하고 적정한 자원을 투입하고 있는가?

먼저 파트너사와 함께 진행할 영업기회의 규모와 난이도 등을 고려하자. 그런 후 양적·질적 관점에서 파트너사가 적절한 자원을 투입할 예정인지에 대한 검토가 필요하다. 예를 들어 이직이 심한 파트너사의 경우, 영업 핵심인력이 경쟁사 관련 파트너로 이직할 수 있다. 혹은 고객사에 적절히 대응하지 못하는 경우가 발생할 수도 있으므로 면밀한 양적·질적 판단이 필요하다.

• 고객의 영업에 대해 합의된 영업절차(전략) 수립이 가능 한가?

앞서 언급했듯이 B2B 영업에서 가장 중요한 성공 요소는 팀워크다. 우리 회사의 영업팀 내부 실무자부터 임원진까지, 자기 역할에 맞는 영업활동을 통해 시너지를 극대화하는 것이 필요하다. 그러나 이것만으로는 부족하다. 파트너사와 협업 시 각 회사가 가진 강점을 파악하고, 관련 분야 또는 핵심관계자를 공략하는 데 있어 두 회사 간에 명확한 합의가 가능한 파트너인지 살펴봐야 한다. 또한 그렇게 일해서 과거에 성공한 사례가 있는지도 점검해야 한다.

구축 및 서비스

• 파트너사의 구축(서비스) 조직이 존재하고 역할을 잘 수행하고 있는가?

파트너사에 구축(서비스) 조직이 이미 존재하고 있는지, 시장에서 그들의 고객들에게 구축(서비스)을 제공하고 있는지, 평판이 나쁜지 않은지를 검검해야 한다.

• 우리가 공략할 특정 영업기회 관련 구축(서비스)에 대한 조직과 역량이 있는가?

특히 우리가 지향하는 영업기회 관련 구축(서비스)에 대한 파트너 사의 조직 보유 여부와 역량을 깊게 고려해 그들의 역량을 평가해야 한다. 우리도 역량을 보유하고 있지 않은 분야에 파트너를 활용하듯 상대방도 내부인력이 아닌 외부인력에 의존하는 경우가 있다. 이 부분을 간과하면 구축 또는 서비스 중 고객의 무리한 요구나 기타 사유로 위기에 직면할 때, 자칫 구축 조직의 붕괴로 프로젝트에 실패할 위험이 따른다.

[사례 1]

내가 SKT에서 B2B 제안 및 구축을 담당하는 팀 리더로 있을 때의 일이다. 당시 우리와 함께할 개발 파트너를 선정해야 했는데, 나는 특정 규모 이상의 프로젝트의 경우 반드시 직접 파트너사를 방문해 실제 인하우스 개발자 보유 여부를 확인했다. 필요하다면 개발자 인터뷰를 진행하기도 했으며, 그들이 제안하는 프로젝트에서 그들이 자신의 역할을 이해하고 있는지도 점검했다. 무엇보다도 우리의 영업기회에 대한 개발사 경영진의 의지와 열정을 확인한 후 최종 파트너사를 결정했다.

철도 관련 대형 업무 모바일화 프로젝트를 제안해 수주한 적이 있는데, 최초 제안에 참여했던 개발 파트너사가 구축 서비스 직전에 포기했다. 표면적인 사업 포기 사유는 고객사의 개발 업무 범위가 개발 공수 산정 대비 방대하다는 것이었다. 그러나 실제 이유는 다른 데 있었다. 철도 관련 경험 부족으로 업무에 대한 이해가 미흡한 것이 그 이유였다. 업무 범위가 늘어날 경우 외주 개발자로 인한 비용 증가를 감당할 수 없었기 때문이다.

그 이후 인하우스 개발자를 다수 보유한 비즈니스 파트너 대표를 직접 만나 열정을 확인한 후 프로젝트 참여를 요청했다. 결국 프로젝트를 성공적으로 종료할 수 있었다. 그러나 파트너사의 핵심 개발자가 과도한 업무로 퇴사하는 등의 부작용이 있었다. 그럼에도 파트너사 대표의 프로젝트 대한 열정이 성공의 밑거름이 되었으며, 그러한 열정에 기인해 그 파트너사의 사업은 성장하고 번창했다.

유지보수

• 파트너사는 구축 이후 유지보수를 지원할 인력·조직을 보유하고 있는가?

구축(서비스)을 하는 것은 물론 유지보수 서비스를 제공할 수 있는 인력·조직을 보유하고 있는지가 중요하다. 특히 대형고객사의 경우 시스템 구축 또는 서비스 기간에는 별도의 비용을 감수하더라도 현장에 유지보수 인력이 상주하기를 원한다. 이런 경우 파트너사에서 적정한 인력과 서비스 공급이 가능해야 한다.

• 영업기회를 통해 제공된 솔루션(서비스) 외 유지보수 서비스 중 업셀을 제안할 능력이 있는가?

성공적으로 구축을 완료했거나 서비스를 했다 하더라도 시간이 지남에 따라 고객의 추가적인 요구사항이나 니즈가 발생할 수 있다. 이럴 경우 우리 회사와 협업하여 추가 제안을 통해 업셀 성과를 가져올 수 있는 능력이 있으며, 관계 형성이 가능한지 확인해야 한다.

영업기회 판단 결과에 따른 최적/최선의 파트너 선택

파트너 선택도 앞서 제시한 2가지 파트너 선택 기준을 기반으로 한다. 영업기회와 마찬가지로 파트너의 선택도 실현 가능성, 경쟁력, 수주 가능성 그리고 전략적 가치 이렇게 4가지 기준으로 판단해야 한다. 파트너를 판단하는 세부적인 사항은 다음 페이지에 제시했다. 영업기회 판단과 다소 유사하지만 파트너 관점에서의 평가 기준에 맞추어 일부 내용을 변경했다. 우선 정량적으로 환산한 현재 우리 관점에서의 영업기회 평가 결과를 토대로 한다. 그리고 '가장 부족한 부분에서 어떻게 영업기회를 도와줄 것인가'라는 관점으로 상호 보완적인 비즈니스 파트너사를 선정한 뒤 협업 방안을 구체화하는 것이 가장 중요하다.

① 실현 가능성 : 영업기회 자체에 대한 실현 가능성

- 고객의 영업기회에 대한 이해도 및 사업 경험
- 고객의 재무적 상태에 대한 이해도
- 고객의 예산 확정 과정 및 구매의사결정 과정의 이해도
- 기존 고객의 의사결정 이벤트를 강화할 수 있거나 새로운 방향으로 만들 수 있는 역량

② 경쟁력 : 영업기회 관점에서 경쟁력 보유

- 고객사의 의사결정 절차 및 핵심관계자에 대한 이해도
- 파트너사의 담당 분야에 대해 우수한 솔루션이나 서비스 제공 가능 여부
- 자체의 영업자원(인력/시스템 등) 보유
- 공략하려는 고객과 현재 호의적 관계 형성 여부
- 우리가 제안하는 고유한 사업가치에 대해 추가적이거나 강화할 수 있는 가치 제공 가능 여부

③ 수주 가능성 : 영업기회의 수주 가능성

- 고객사 고위 경영진과 연결 가능 및 신뢰 구축 가능 여부

- 고객의 내부 문화에 대한 이해도
- 고객사 내부의 비공식적 의사결정 절차 및 영향력 행사 가능 여부
- 고객사 조직 중 핵심관계자에게 접근 가능한지 여부와 영향력 행사 가능 여부

④ 전략적 가치 : 전략적 가치가 있는 영업기회

- 현재 진행하는 영업기회와 미래의 공동 사업기회의 연결성에 대한 이해도
- 구축 및 유지보수와 관련된 위험을 인지하고 대비할 역량 보유 여부
- 필요시 전략적으로 중요한 솔루션(서비스)을 공동 개발할 역량 이 있는지 여부

제3장

핵심관계자를 파악하고
활용하는 법
_B2B 영업 프레임 2단계

B 2 B S A L E S S T R A T E G Y

고객사의 유관 조직과 구성원에 관한 정보를 확보해야 하는 이유

"팀장님, A사의 내부 조직도는 파악이 힘듭니다."

"그게 무슨 소리야? 우리가 영업할 회사의 조직도와 내부 관계자 파악이 안 되면 어떻게 영업을 시작하나?"

"그게… 요즘은 내부보안 이슈로 조직 내 구성원들의 R&R이나 연락처 등이 공개가 안 됩니다."

영업 담당자들에게 고객사 조직 정보를 알아보라고 하면 이런 답변을 내놓는 경우가 종종 있다. 최근 기업체의 조직도와 구성원들에 대한 구체적인 정보를 수집하는 일이 쉽지 않은 건 사실이다. 하지만 신규 기업을 대상으로 수주를 계획하고 있다면, 영업기회가 지닌 가치를 다양하게 점검한 후에 반드시 핵심 관계자를 파악해야 한다.

B2B 영업의 첫 단추를 잘 끼우는 법

/

공공기관, 특히 정부기관의 경우 홈페이지 내 조직도에 구성원들의 정보와 R&R 그리고 유선전화번호까지 상세히 안내되어 있다. 반면 일반 기업의 홈페이지에는 아주 큰 그림의 조직도만 나와 있을 뿐 임직원들의 R&R 등 세부적인 정보는 나와 있지 않다. 그래서 현장의 영업 담당자들에게 고객사의 조직도를 파악해보라고 지시하면 대부분 고객사의 내부 보안 때문에 조직도의 세부 정보에는 접근이 힘들다는 식의 반응을 보인다.

영업활동을 위해 고객사의 조직도를 파악하라는 것은 대표이사부터 전사 조직도를 샅샅이 살펴보라는 의미가 아니다. 그럼 어떤 조직도를 보라는 말일까? 이때 의미하는 것은 우리의 비즈니스 가치를 전달할 수 있는 수준의 조직도다. 노출된 정보가 부족하다면 고객사의 담당자와 미팅을 하거나 혹은 고객사

내의 지인 등 인적 네트워크를 활용해 최대한 정보를 확보해야 한다.

우리가 공략하고자 하는 핵심 대상을 파악한 후에는 어떻게 해야 할까? 고객사의 요구사항 발의와 구매 선정에 영향력을 줄 수 있는 현업 및 구매부서 담당자부터 해당 팀의 리더와 리더의 상사까지 핵심관계자들과 모두 접촉해야 한다. 이때는 사람 대 사람으로 만나는 게 중요하다. 고객의 경험과 만족에 집중하는 H2H 마케팅만큼 강력하고 진정성 있는 영업방식은 없다고 생각하기 때문이다.

앞서 B2B 영업에서 정보 및 가치 전달이 중요하다고 언급했다. 하지만 이보다 더 중요한 것은 이것을 어떻게 효과적으로 전달할 것인가다. 사람과 사람과의 상호관계가 세상을 움직이는 힘이듯, 기업과 기업 간의 비즈니스에서도 소속되어 있는 사람과 사람 간의 상호관계 그리고 핵심관계자와의 유대가 중요하다.

팬데믹을 겪으면서 플랫폼을 통한 온라인 마케팅이 성행하는 분위기다. 그럼에도 여전히 사람과 사람의 관계 즉 '컨택트'가 정보 수집과 최종 구매의사결정에 중대한 영향을 미친다는 걸 부인할 사람은 없을 것이다.

고객사의 사내 정치 흐름을 파악해야 하는 이유

/

영업기회의 실현 가능성을 판단할 때 중요한 이슈 중 하나는 '비공식적인 구매 선정기준'을 파악하는 것이다. 고객사 내부에 규정된 구매 절차와 규정 외에 비공식적인 기준이 존재하는 이유는 부서 간의 주도권 다툼이나 임원 간 경쟁과 같은 사내 정치 요소들이 작용하기 때문이다.

이런 이유로 내부 규정에 의해 직무와 직권 등이 명확하게 정의되어 있는 조직도뿐 아니라 사내 정치 구도도 아주 중요하다. 이는 비공식이고 모호한 면이 있지만, 오히려 조직의 실질적인 운영 흐름을 보여주기 때문에 반드시 파악하고 있어야 한다. 특히 주요 의사결정과 관련된 부분에서 실질적인 결정권자의 존재는 더욱 무게감 있게 다가올 수 있다. 그런 부류의 사람들이 소위 '핵심관계자'로, 이들은 H2H 마케팅을 진행할 때 특히 집중해야 할 존재다.

영업자들에게 고객사의 사내 정치 게임에 뛰어들라는 의미가 아니다. B2B 영업을 하는 사람 입장에서는 사내 정치가 존재하는 현실을 외면해서는 안 된다는 뜻이다. 이를 둘러싼 부정적인 영향도 있지만, 주요 의사결정 및 전략의 방향성을 결정하는 데 있어서 사내 정치의 주도적 인물들이 미치는 영향력이 막대하므로 이를 역이용하는 전략을 구사할 필요가 있다.

공식적인 조직도에 기반해서
핵심관계자 파악하는 법

어느 조직이든 핵심관계자는 있게 마련이다. 정당과 기업 내 핵심관계자라면 '그분'의 의중을 잘 알아서 대신 전달할 수 있는 사람을 의미한다. 사람은 누구나 어디에서든 그런 존재가 되고 싶어 한다.

그런 의미에서 B2B 영업자에게 핵심관계자란 영업기회의 수주 가능성에 결정적인 역할을 하는 고객사의 키맨을 가리킨다. 누가 핵심관계자인지 파악하는 것은 영업의 시작이자 끝이라 해도 과언이 아니다. 그렇다면 어떻게 해야 핵심관계자를 신속하게, 그리고 제대로 파악할 수 있을까?

그중 한 가지가 공식적인 조직도를 기반으로 핵심관계자를 파악하는 것이다. 이는 마케팅 또는 영업부서뿐 아니라 전사적인 접근이 필요한 중대한 사안이다. 고객의 조직 내에서 핵심적인 의사결정을 하는 관계자들이 우리 회사에 우호적인 태도를 취할 수 있도록 전방위적으로 관리해야 한다.

핵심관계자 관리는 구매 검토 단계에서 우리 회사의 솔루션에 유리한 의견을 보이는 우군들을 확보해서 사업 수주의 가능성을 높여준다. 또한 경쟁사의 접근을 억제하는 등 솔루션을 판매하는 것 이상으로 많은 혜택을 창출할 수 있다.

구체적인 고객관리에 들어가기 전 우선 관계자들을 4가지 기준으로 나눠보자. 그래야만 개인별로 분류해 핵심관계자를 파악할 수 있다. 관계자를 분류하는 기준은 다음과 같다. 첫째 구매의사결정의 역할 분석, 둘째 혁신확산이론에 기반한 변화 적응 및 성향 분석, 셋째 우리를 대하는 태도 분석, 넷째 커버리지 분석이다.

지금부터는 가상의 고객사 내 조직도에 위의 4가지 기준을 적용해서 고객사의 핵심관계자를 찾이기는 여정을 다뤄보고자 한다.

고객사 정보

A고객사를 예로 들어 구체적인 내용을 살펴보자.

A고객사는 전통적인 제조업을 지향하며 기업자원계획Enterprise Resource Planning, ERP, 제조실행시스템Manufacturing Execution Systems, MES, 고객관계관리Customer Relationship Management, CRM 시스템을 독립적으로 보유하고 있다. 현재 '기술선도 사업자로 업종 내에서 선두그룹'을 유지하고 있다. 다만 경쟁사들이 기술 격차를 좁혀오고 있어서 그것만으로는 시장차별화에 한계를 느끼는 중이다. 따라서 각각 독립된 시스템들을 연동할 수 있는 인공지능이 장착된 플랫폼을 개발하여 생산·마케팅·영업 간의 시너지를 내고자 한다. 이는 '동종업계에서는 최초로 시도되는 플랫폼 개발'이다. 이 플랫폼 개발이 성공한다면 차별화된 제품생산과 원가절감이 가능하다. 아래에 'A고객사 관계자 조직도'를 실었다.

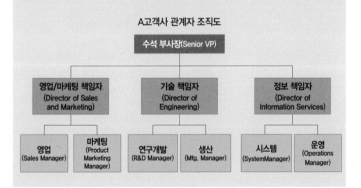

A고객사 관계자 조직도

지금부터는 A고객사의 케이스를 기반으로 4가지 기준을 적용해서 핵심관계자를 찾아보도록 하자.

제1분류 기준 _ 구매의사결정의 역할에 따른 분류

구매의사결정에 영향을 미치는 담당자는 크게 실무자, 검토자, 의사결정자, 승인자로 나눌 수 있으며 자세한 특성은 다음과 같다.

솔루션과 서비스를 이용하는 '실무자'

실무자User는 솔루션이나 서비스를 직접 이용하는 계층으로 종종 구매 과정에서 다른 역할들을 수행하기도 한다. 그러나 이들이 반드시 솔루션 또는 서비스의 직접 수혜자는 아닐 수 있다.

경영진에 구매 검토 평가 사항을 제안하는 '검토자'

검토자Evaluator는 공급자의 제품과 솔루션 또는 서비스의 제안을 분석하고, 사전에 정의된 기준과 비교해 경영진에게 구매 검토 평가 권장 사항을 제안하는 역할을 담당한다. 이들은 종종 공급사들의 제안을 평가하기 위한 위원회 구성원으로 속해 있는데, 이때 위원회에 속한 채 상품·구매·법무 등 다양한 분야의 전문가와 함께 일한다. 다만 항상 객관적인 판단에 의한 결정이 이루어지는 것은 아니다. 구성원들 중 영향력이 큰 사람, 즉 '핵심관계자'에 의해 결정이 좌우되는 경우도 있다.

구매 결정을 하는 '의사결정자'

의사결정자Decision Maker는 검토자들의 평가 결과를 분석하고 권장 사항을 참고한다. 일반적으로 의사결정자는 특정 목표를 달성하기 위한 공식적인 의무와 책임을 진다. 그래서 일방적으로 책임을 져야 하는 결정이나 승인자의 의사에 반하는 결정은 주저하는 경우도 있다.

그들은 책임을 지는 위치에 있기 때문에 영업활동 중에 우리 편이 된다고 해도 항상 '실무진의 반대만 없으면'이라는 조건을 단다. 혹은 공급자인 우리에 대한 반대의견이나 부정적 피드백이 본인 또는 그의 상사에게 직접 보고되지 않도록 영업활동을 요청하는 경우도 있다.

최강 조직을 위한 B2B 영업 특강

구매 결정을 최종 승인하는 권한을 가진 '승인자'

승인자Approver는 의사결정이 이루어진 구매 결정에 대해 검토 및 승인하거나 반려할 수 있는 권한을 가진 고위 인사다. 그들은 조직 내에서 신뢰받거나 검증된 실적을 가진 검토자 또는 의사결정자의 결정은 쉽게 승인한다. 반면 경험이 부족하거나 실적이 검증되지 않은 구성원에게는 공식적 혹은 비공식적인 정보 제공 등과 같은 추가 승인 절차를 요구한다. 무엇보다 승인자는 항상 비용에 민감하기 때문에 기존에 설정한 예산을 초과하는 승인은 절대로 하지 않는 경향이 있다.

구매의사결정 시 역할

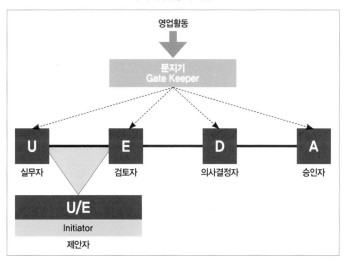

앞 페이지의 그림과 같이 구매의사결정에 영향을 미치는 4가지 역할과는 별도로 좀 더 세분화해서 알아야 하는 부류가 있다.

첫째는 '제안자initiator'다. 그들은 솔루션 또는 서비스의 내부 소요를 창출하고 구매를 요청하는 구성원이자, 실무자나 기획 부서 구성원이다. 향후 검토자의 역할을 동시에 수행할 가능성이 높다. 즉 결정적인 영향력을 행사할 수 있다.

둘째는 '문지기Gate Keeper'다. 이들은 중요도가 떨어진다고 생각할 수도 있으나, 사실 가장 주의를 기울어야 할 부류다. 문지기는 핵심관계자 전 단계에 존재하는 계층으로, 영업자가 본인의 의사에 반하거나 사전에 협의 없이 핵심관계자에게 직접 접근할 경우 적대관계로 변모할 가능성이 있기 때문에 유의해야 한다.

특히 영업활동 중에 핵심관계자처럼 행동하는 경우가 많아서 이들을 핵심관계자로 오인할 수 있으니 각별한 주의를 기울일 필요가 있다. 영업자가 문지기를 핵심관계자로 오인하면 어떤 문제가 생길까? 우리의 고유한 사업가치를 문지기에게 전달하느라 시간을 허비하게 되고, 결국 실제 핵심관계자에게 접근하기까지 더 많은 시간을 써야 한다.

그 외에도 유의할 점이 있다. 영업활동의 효과가 핵심관계자에게 제대로 전달되지 않아 애써 개발해놓은 고유한 사업가치를 적재적소에 전달하지 못해 영업기회를 놓치는 심각한 부작용을 초래할 수도 있다. 또한 그들의 기회주의적 성향 때문에 소중한 우리의 가치가 경쟁사에 노출될 수 있음을 잊지 말아야 한다.

영업 초기 단계에서 문지기 부류의 관계자는 명확히 구분해야 한다. 이들에게는 가치 중심적 접근이 아니라, 친밀한 관계 형성에 주안점을 둘 필요가 있다. 그들의 기회주의적 성향을 역으로 이용하면 향후 경쟁사의 정보 획득과 접근을 제한할 수 있다. A고객사의 조직도는 앞서 나온 '구매의사결정 시 역할'(179페이지 그림 참조)의 분류 기준에 따르면 아래와 같이 재

구매의사결정 역할 분류를 반영한 A고객사 관계자 조직도

분류해볼 수 있다.

구매의사결정의 역할에 따른 분류만으로도 몇 가지 추론이 가능하다. 우선 해당 영업기회는 기술부서에서 주도적으로 진행했다는 사실을 알 수 있다. 또한 정보 부서에서는 시스템 매니저가 '검토자'지만 '실무자'가 아니므로, 그들의 본원적 업무 관점인 IT 관점 또는 비용 관점에서 제한적인 내용만을 평가할 가능성이 크다.

아울러 기술 중심의 프로젝트 성격을 고려할 때 '검토자'와 '실무자'인 연구개발과 생산부서 담당자가 '제안자'의 역할을 했을 것으로 추정된다. 즉 그들이 결정적인 영향력을 행사할 수 있으므로 그 영향력의 정도를 별도로 파악해서 영업의 우선순위를 설정해야 한다.

운영 담당자는 시스템 운영 관점에서 '실무자'지만 수혜자로 보기는 어렵기 때문에 시스템 운영의 편리성을 고려할 것으로 예상된다. 그리고 영업활동을 할 때는 '실무자'인 영업 파트보다 평가 및 실무자 역할을 동시에 하는 마케팅 담당자에게 좀 더 집중할 필요가 있다.

제2분류 기준 _ 혁신확산이론에 근거한 성향에 따른 분류

/

혁신확산이론Innovation diffusion theory, IDT은 새로운 기술 혹은 정보가 사람들에게 수용되는 현상을 설명하고 있다. 1962년 미국 아이오와주립대학의 에버렛 로저스Everett Rogers 교수가 자신의 저서《혁신의 확산Diffusion of innovations》에서 처음 제시한 이론이다.

소비자들이 새로운 아이디어나 기술 등 혁신을 수용하는 과정은 모두 제각각이다. 초기에 바로 받아들이거나, 어느 정도 시간이 지난 후 채택하거나, 아예 받아들이지 않는 사람도 있다. 이처럼 혁신을 수용하는 사람들의 성향은 크게 5가지로 분류할 수 있다.

첫째는 '혁신가' 집단이다. 전체 수용자의 2.5퍼센트에 불과할 정도로 극소수이며, 모험적이고 혁신을 수용하고자 하는 성향이 강한 집단이다. 둘째는 '얼리어답터' 혹은 '선지자'라 불리는 집단이다. 이들은 전체의 13.5퍼센트 정도를 차지하며 의견 선도자 역할을 한다. 셋째는 '실용주의자' 또는 '초기다수자'라 불리는 집단이며, 넷째는 '보수주의자' 또는 '후기다수자'라 불리는 집단이다. 이 두 집단은 전체의 34퍼센트를 차지할 정도로 비중이 크다. 혁신적인 기술을 수용하는 데 의심이 많지만, 일단 기술이 도입된 이후에는 경험하려는 경향이 강한 사람들이다.

마지막은 최후의 수용자인 '후발주자' 집단이다. 이들은 전체의 16퍼센트에 해당한다. 변화를 원하지 않고 혁신에 대한 저항성이 매우 강해서 신제품이나 신기술 등이 시장에서 완전히 수용된 이후에 해당 제품을 구매하는 집단이다.

B2B 영업을 할 때는 이러한 혁신확산이론에 근거해 고객의 특성을 파악할 필요가 있다. 지금부터는 해당 고객별 특성에 대해 살펴보자.

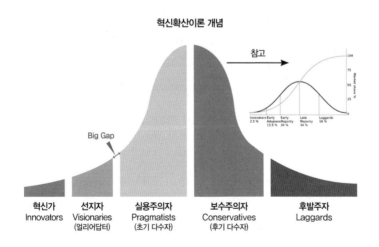

혁신확산이론 개념

가장 먼저 기술과 서비스를 받아들이는 '혁신가'

혁신가Innovators는 가장 최근의 아이디어를 담은 상품이나 서비스를 그 누구보다 먼저 사용한다. 일명 마니아 부류로 전파력이 강력하다는 장점을 지니고 있다. 또한 새 상품을 구매하는 조직에서 문지기와 같은 역할을 할 가능성이 높다.

다만 B2B 영업자의 관점에서 볼 때 이들은 의욕과 열정에 비해 예산이 부족하고, 다소 실행력이 떨어지는 단점이 있다. 그럼에도 혁신가가 해당 솔루션이나 서비스를 혹평한다면 조직 전체가 전혀 관심을 갖지 않을 가능성이 있으므로 주의를 기울여야 한다.

혁신가(Innovators)		
무엇을 원하는지	무엇을 구매하는지	당신이 팔아야 하는 가치
• 최첨단, 최신	• 실험 • 테스트(Proof of Concept, PoC)	• 상품의 우수성 • 혁신(Innovation)

파괴적 혁신을 꿈꾸는 진정한 얼리어답터, '선지자'

선지자Visionaries는 답습에서 벗어나 혁신을 선호하는 진정한 혁명가다. 새로운 기능을 가장 먼저 활용해서 경쟁우위를 차지하려는 의지를 갖고 있으며, 이를 활용해 조직 내에서 자신의 성장을 도모하고 변화를 일으키는 경우도 종종 있다.

B2B 영업자의 관점에서 볼 때 선지자들은 새로운 상품과 서비스를 구매할 수 있는 예산과 영향력을 지니고 있어 중요한 집단이다. 그러나 선구자들은 종종 특정한 요구사항에 맞추어 수정이나 맞춤 제작을 요구하기 때문에 공급자 입장에서는 추가 비용이 발생할 수 있다는 점도 명심해야 한다.

선지자(Visionaries)		
무엇을 원하는지	무엇을 구매하는지	당신이 팔아야 하는 가치
• 혁신, 혁명 • 실증적인 것	• 맞춤형 솔루션(customized)	• 미래 • 경쟁력 있는 이점

가장 중요한 과제의 책임자인 '실용주의자'

실용주의자Pragmatists는 급격한 혁명보다는 점진적인 발전을 믿으며, 신뢰를 기반으로 한 관계를 우선시하는 집단이다. 이들은 새롭게 공급되는 솔루션 또는 서비스에 대해 품질과 실적을 확고히 검증한 후에 채택하려는 성향이 짙다.

B2B 영업자 관점에서 실용주의자는 고객사 내에서 중요한 과제의 책임자일 가능성이 높다. 또한 위험과 불확실성에서 자신들의 비즈니스를 보호하려는 경향이 강하다. 이런 이유로 새

로운 솔루션을 구매하려 할 때는 리스크를 최소화하고자 시장 주도 기업에게서 공급받기를 선호하는 경향이 있다. 즉 이들은 새로운 솔루션이나 서비스를 영업하기에 가장 까다로운 집단일 가능성이 높다.

여기에서 매우 주의해야 할 점이 있다. 선지자와 실용주의자 사이에는 '캐즘Chasm'이라는 깊은 격차가 존재한다는 점이다. 캐즘은 새롭게 개발된 제품이나 서비스가 대중에게 받아들여지기 전까지 겪는 침체기를 의미한다. 이러한 캐즘을 극복하지 못하는 기업들은 경영의 역사에서 사라지곤 했다.

선지자 성향의 고객과 실용주의자 성향의 고객이 서로 어떻게 다른지 명확히 구분하고 각각에 맞는 전략을 세우는 안목을 가져야 한다.

실용주의자(Pragmatists)		
무엇을 원하는지	무엇을 구매하는지	당신이 팔아야 하는 가치
• 발전 • 문제를 해결하는 것	• 완벽한 토탈 솔루션(Perfect & Total solution)	• 유사한 문제를 해결함으로써 검증된 전문성

가격과 위험 요소에 민감한 '보수주의자'

보수주의자Conservatives는 변화에 편승하지 않는 성향을 지니고 있으며, 수동적인 자세로 새로운 솔루션이나 서비스 검토에 착수한다. B2B 영업자의 관점에서 보면 이들은 가격에 민감하고, 매우 회의적이며 까다롭기 때문에 상대하기 어려운 집단이다. 요구사항에 만족하는 경우가 거의 없고, 요구사항에 맞는 제품 구성을 위해 추가예산을 쓰는 데 주저한다.

보수주의자들을 상대로 한 영업에서 성공하려면 상품과 서비스를 간소화하거나 표준화하는 게 좋다. 그들에게 솔루션을 제안할 때는 큰 변화가 아닌 기존의 방식에서 약간의 변화만 가한 것임을 강조해야 하며, 위험을 최대한 회피할 수 있다는 확신을 주어야 한다.

보수주의자(Conservatives)		
무엇을 원하는지	무엇을 구매하는지	당신이 팔아야 하는 가치
• 뒤처지지 않는 것	• 리스크가 없는 낮은 가격의 업계 표준	• 투자 수익 보증(Return on investment guarantees)

가급적 접촉을 피해야 할 '후발주자'

후발주자laggard는 신제품이나 새로운 서비스가 가치를 제공한다고 믿지 않는다. 그래서 혁신적인 제품이나 서비스를 가장 늦게 경험한다. B2B 영업자의 관점에서 보면 이들은 대부분 회의론자일 가능성이 높기 때문에 잠재적인 고객으로 분류할 수 없다.

그러므로 후발주자를 대상으로 한 영업활동은 최대한 피해야 한다. 혹시라도 이들 주변에서 영업활동을 할 때는 가능한 접촉을 자제하되, 피하기 어렵다면 보수적으로 접근할 필요가 있다. 일례로 투자에 대한 위험 요소를 차단할 수 있는 대안을 제시하는 식이다.

후발주자(Laggards)		
무엇을 원하는지	무엇을 구매하는지	당신이 팔아야 하는 가치
• 현재에 집중	• 현존 시스템의 개선 또는 확장	• 투자에 대한 보호(Investment protection)

이처럼 고객의 혁신 성향을 분류할 때는 평판, 과거 영업구성원들의 경험, 지속적인 미팅 결과를 기준으로 삼으면 된다. 이때는 동료 및 지원부서를 미팅에 참여시켜서 그들의 의견을 참조하는 것도 좋은 방법이다. 성향 분류가 끝난 다음에는 각 집단별 영업전략을 수립해서 재빨리 제안해야 한다. 이때 유의해야 할 사항은 이런 과정을 거치면서 고객의 반응을 면밀히 관찰하고 재분류해야 한다는 점이다.

아래 조직도는 제1분류 기준을 바탕으로 작성한 조직도에
제2분류 기준을 추가해서 다시 구조화한 것이다.

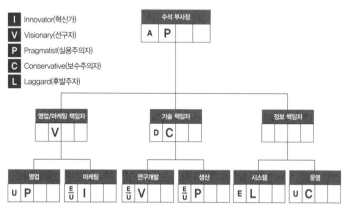

혁신 성향을 추가 반영한 A고객사 관계자 조직도

* 성향 파악이 안 되면 공란으로 두고 향후 업데이트한다.

여러분이 영업자로서 고유한 사업가치를 개발한 후 영업활
동을 한다면 가장 먼저 설득해야 할 사람은 누구인가? 지금 우
리가 팔아야 하는 것이 업계 최초로 시도되는 혁신적인 솔루션
이라면 누구를 공략해야 할까?

위 조직도에 따르면 실제 사업을 발의하고 주도하는 기술부
서는 아니지만, 혁신가이자 제안자인 마케팅 담당자를 먼저 공
략하는 것이 좋은 안이 될 수 있다. 그에게는 우리 회사가 제공

하고자 하는 고유한 사업가치의 영향력을 가능한 상세히 설명해야 한다. 예를 들면 이런 식이다. "독립적인 시스템들을 연동할 수 있는 인공지능 플랫폼을 개발해서 생산·마케팅·영업 간의 시너지를 내고자 합니다. 무엇보다 동종업계에서는 최초로 시도되는 플랫폼 개발입니다."

이렇게 마케팅 담당자를 사로잡은 후에는 유사한 혁신 성향 분류에 속하는 연구개발 담당자에게 접근해야 한다. 반면 시스템 담당자는 후발주자로 주변의 영향력을 통해 압박을 느끼는 성향을 갖고 있으므로 가장 나중에 동화시키는 전략으로 접근하는 것이 최선이다.

이 반대의 경우도 생각해볼 수 있다. 우리가 고객사의 구성원들에게 익숙한 레거시 솔루션을 공급하는 기존 사업자라고 가정해보자. 현재 새롭게 떠오르는 신흥 솔루션 사업자와 경쟁해야 하는 상황이라면 누구를 가장 먼저 우리 편으로 만들어야 할까? '혁신 성향을 추가 반영한 A고객사 관계자 조직도'(190페이지 그림 참조)의 분석을 감안한다면, 정보책임자 산하의 담당자 두 명을 우리의 지지자로 만드는 것이 급선무다. 그다음으로 기술 책임자와 영업매니저에게 접근해서 영향력을 확대해 나가는 전략이 바람직하다.

지금까지 살펴본 고객사 구성원의 분류 기준인 '구매의사결정 시 역할'과 '혁신에 대한 적응 성향'은 조직 내에서의 역할과 개인의 타고난 성향이기 때문에 영업활동으로 궁극적인 변화를 꾀하기는 어렵다. 다만 우리의 영업활동이 고객사의 구매의사결정 조직에 일부 영향을 미칠 수 있다. 이러한 전제하에 우리에게 적대적이거나 성향이 다른 사람을 배제하는 등 '구매의사결정 시 역할'에는 어느 정도 변화를 줄 수 있다.

물론 현실세계에서는 실행하기가 쉽지 않다. 사실 거의 불가능하다. 무엇보다 이 정도의 영향력을 가진 공급자라면 굳이 영업활동에 많은 공을 들일 필요가 없는 독점적 지위의 공급자일 가능성이 크기 때문이다. 하지만 지금부터 다루게 될 2가지 분류 기준은 우리의 영업활동으로 개선이 가능하고 이를 통해 유리한 지위를 확보할 수 있다.

제3분류 기준 _ 고객이 우리를 대하는 태도에 따른 분류

고객사의 담당자도 공급자에 대해 호불호를 갖게 마련이다. 내외부적인 영향에 따라 우리 회사에 대한 견해가 달라질 수 있으며, 영업구성원이 어떤 인상을 주느냐에 따라 우리 회사와 솔루션을 바라보는 관점이 바뀔 수도 있다. 이처럼 고객이 우리 영업자를 대하는 태도는 아래와 같이 총 5가지 단계로 분류해 볼 수 있다.

우리를 대하는 태도에 따른 고객 분류

가장 적극적인 후원자인 '멘토'

멘토Mentor는 우리의 영업활동에 관한 피드백, 내부 가이드, 사내 정치를 둘러싼 인사이트, 경쟁력 있는 정보 등을 제공해주면서 우리를 지원해준다. 이들은 단순 지지자와는 다르다. 우리 회사의 사업 수주에 대해 개인적인 관심을 갖고 있기 때문에 우리가 영향력을 행사하지 않아도 항상 우리의 입장을 대변해주는 경향이 강하다.

하지만 이들을 대상으로 영업활동을 할 때는 영업기회와 관계없이 꾸준한 관리와 친밀한 유대관계인 라포Rapport를 형성해야만 한다. 만약 이 점을 간과해서 관계를 소홀히 하거나 관계 유지에 실패했는데 결정적인 동인(혈연, 지연, 학연 등)마저 없다 면, 이들은 한순간에 '적대관계자Enemy'로 돌아설 수 있다.

언제든 정보와 도움을 주는 '지지자'

지지자Supporter는 어떤 이유에서든 우리 회사의 솔루션을 선 호하고 사업 수주를 바라는 사람이다. 이들은 우리가 도움을 요 청하면 언제든지 중요한 정보와 의견을 제공한다. 다만 멘토와 는 달리 내부 정치 상황 등의 이슈가 생기면 우리를 적극적으 로 지지하지 않을 수도 있다.

자신의 선호도를 드러내지 않는 '중립자'

중립자Neutral는 특별한 선호도가 없거나 양면적인 부류로 자신의 솔직한 감정을 드러내지 않는다. 하지만 상황에 따라 그 들을 대상으로 한 영업활동에도 주력할 필요가 있다. 우리의 솔 루션이 지닌 가치를 고객사에 제대로 증명하기 전이고, 고객사 관계자들이 의사결정을 내리지 못한 상황이라면 중립자들을 적극적으로 설득해야 한다.

다만 우리가 영업활동을 해도 중립자들은 태도의 변화를 보이지 않을 수 있는데, 그럼에도 지속적으로 관리가 필요한 대상이다. 만약 방심해서 관리를 소홀히 하면 금세 '비 지지자Non-supporter'나 '적대관계자Enemy'로 바뀔 수 있기 때문이다.

반대자이거나 중립자인 '비 지지자'

비 지지자Non-Supporter는 어떤 이유에서든 우리가 사업을 수주하면 안 된다고 생각한다. 그들은 우리가 제안하는 솔루션이 아닌 대안, 즉 '경쟁자, 내부적 해결책, 아무것도 선택하지 않는 것'을 선호한다. 그나마 다행인 것은 결정적인 상황에서 사내 정치적으로 연관되거나 개인의 이익과 반하는 일이 발생했을 때는 '중립자Neutral' 행세를 할 가능성이 높다는 점이다.

가장 적극적인 비 지지자인 '적대관계자'

적대관계자Enemy는 우리가 사업을 수주하면 자신이 속한 조직 혹은 자신에게 좋지 않은 영향이 미칠 것이라고 믿는다. 그래서 우리의 솔루션이 자사에 공급되지 못하도록 별도의 노력을 기울인다. 그들은 우리와 경쟁관계인 회사의 멘토나 지지자일 가능성이 높기 때문에 이들을 대상으로 영업활동을 할 때는 태도의 변화를 꾀하기보다는 차라리 존재감을 약화시켜서 영향력을 최소화하는 것이 바람직하다.

다음 조직도는 제1분류, 제2분류 기준을 바탕으로 작성한 조직도에 제3분류 기준을 추가해서 다시 구조화한 것이다.

우리를 대하는 태도를 추가 반영한 A고객사 관계자 조직도

★	Mentor(멘토)
+	Supporter(지지자)
=	Neutral(중립)
−	Non-supporter(비 지지자)
✕	Enemy(적대관계)

수석 부사장(Senior VP)

A	P	=	

영업/마케팅 책임자

	V	=	

기술 책임자

D	C	−	

정보 책임자

영업

U	P		

마케팅

E/U	I	+

연구개발

E/U	V	=

생산

E/U	P	✕

시스템

E	L	=

운영

U	C	

* 태도 파악이 안 되면 공란으로 두고 향후 업데이트한다.

제4분류 기준_ 고객의 커버리지에 따른 분류

/

영업활동의 주요 업무 중 하나는 고객사의 다양한 임직원들을 우리 편으로 관리하는 것이다. 다만 관리 중인 모든 고객사의 관계자들이 현재 우리가 목표로 삼고 있는 영업기회에 긍정적인 영향을 미치는지 여부는 불투명하다. 따라서 현재 추진 중인 영업기회를 중심으로 핵심 고객과의 커버리지, 즉 접촉 강도를 점검하고 분류할 필요가 있다. 이러한 커버리지 관점의 분류는 아래와 같다.

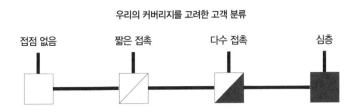

우리의 커버리지를 고려한 고객 분류

접점 없음(No Contact)

우리 회사의 경영진을 포함한 영업구성원 어느 누구도 직접 접촉해보지 않은 고객사의 관계자를 일컫는다. 그들과 접촉하기 위해서는 혈연·지연·학연 등과 같은 비공식적인 관계를 활용하거나, 고객사 내 멘토 또는 지지자의 도움이 필요하다.

짧은 접촉(Brief Contact)

공식적인 자리에서 명함을 교환하거나 짧은 접촉을 한 관계로, 영업활동을 위해 직접 접촉하는 것은 다소 부담스러울 수 있다. 이때는 조직 내 공식적인 채널을 통해 우선 접촉을 시도해 관계를 발전시키는 전략이 바람직하다. 이 부류가 우리를 대하는 태도를 명확하게 분류하기 어렵다면, 고객사의 멘토나 지지자를 통해서 사전정보를 수집하고 그들에게 도움을 요청하는 전략이 필요하다.

다수 접촉(Multiple Contact)

비공식적인 자리 혹은 공식적인 자리에서 여러 번 접촉한 적이 있는 관계다. 이 부류는 본격적인 영업활동을 할 때 단독 미팅이나 비공식적인 만남을 통해 협조 요청을 할 수 있다.

심층(In-Depth)

우리 회사의 영업구성원 또는 경영진과 공식적인 미팅 외에 비공식적인 만남이 가능한 우호적인 관계다. 이들은 최소 지지자 혹은 멘토일 가능성이 높다.

이제는 '고객이 우리를 대하는 태도'와 '커버리지'에 따른 분류를 추가해서 A사의 조직도를 업그레이드할 차례다. 참고로 접점이 없는 경우에는 고객이 우리를 대하는 태도를 명확히 알 수 없으므로 빈칸으로 두어도 무방하다. 다만 영업활동을 하면서 커버리지의 범위가 넓어지면 그때마다 지속적으로 업데이트를 해주어야 한다.

아래 조직도는 제1분류/제2분류/제3분류 기준을 바탕으로 작성한 조직도에 제4분류 기준을 추가해서 다시 구조화한 것이다.

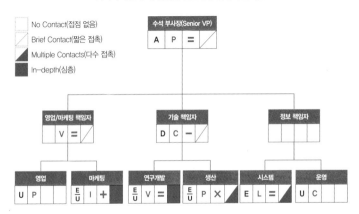

커버리지를 추가 반영한 A고객사 관계자 조직도

다음 페이지에 나오는 그림 '핵심관계자 도출 및 반영된 A사 관계자 조직도'에서는 녹색과 적색 원으로 표시된 부분에 주목할 필요가 있다. 또한 우리가 공급하고자 하는 것이 인공지능을 활용한 첨단 솔루션이라는 점에서 관계자의 혁신 성향, 우리를 대하는 태도, 그리고 커버리지를 종합적으로 고려해야 한다. 녹색 원에 해당하는 부류는 우리의 영업활동을 통해 긍정적인 영향력을 전파할 수 있는 핵심관계자 영역의 사람들이다. 반면 적색 원에 해당하는 부류는 영향력 전파가 어려운 이들이거나 경쟁사에 유리한 관계자로 볼 수 있다(이 부분은 이후 '비공식적인 관계 및 영향력 관점에서 핵심관계자 파악하는 법'에서 전략 수립을 위한 배틀맵을 작성할 때 다시 사용할 예정이다).

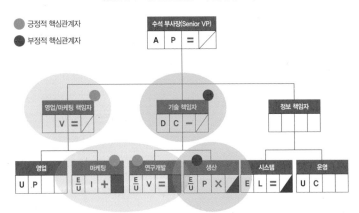

핵심관계자 도출 및 반영된 A사 관계자 조직도

또한 기술부서의 연구개발 담당자와 생산 담당자가 실무자인 동시에 평가자인 점과 기술 책임자가 의사결정자인 점에 주목해야 한다. 즉 해당 프로젝트는 기술부서가 중심이 된 구매의 사결정을 거쳐서 승인자인 수석 부사장에게 올라간 후 최종 결정이 이루어질 가능성이 높아 보인다. 게다가 의사결정자인 기술 책임자는 보수적 성향을 갖고 있으며 비 지지자다. 이런 점을 감안할 때, 우리 회사의 혁신적이고 고유한 사업가치는 경쟁사의 영업활동뿐 아니라 기술 책임자와 생산 담당자에 의해서도 기각될 수 있음을 예상해볼 수 있다.

그렇다면 우리 회사의 영업활동은 어떻게 전개해 나가야 할까? 지금까지는 조직도라는 공식적인 관계를 중심으로 방향성을 찾아왔지만 그것만으로는 역부족이다. 이제는 비공식적인 관점, 즉 '영향력'과 '사내 정치'에 기반해서 핵심관계자를 분석해볼 필요가 있다.

비공식적인 관계 및 영향력 관점에서 핵심관계자 파악하는 법

공식적인 조직도를 기반으로 핵심관계자를 파악하는 방법은 영업활동에 중요한 인사이트를 제공한다. 하지만 영업기회를 획득하는 데는 직무와 직권 등 명백하게 정의된 조직도가 아닌 사내 정치에 의한 비공식적인 조직도에 기반한 영업활동이 강력한 영향력을 발휘한다. 경우에 따라 조직도에 반영되지 않은 비공식적인 핵심관계자가 의사결정 방향에 결정적인 영향력을 발휘할 때도 있다.

그렇다면 고객의 사내 권력 및 정치 구조는 어떻게 하면 파악할 수 있을까? 우리나라 기업에서는 여전히 비공식적인 관계인 학연·지연·혈연 심지어 군대 선후배 등의 지극히 사적인 관계가 사내 정치의 한 형태로 존재한다. 또한 직급이 높다고 해서 반드시 사내 의사결정에 있어 영향력이 높은 것도 아니다. 때로는 핵심부서의 담당자가 현업 또는 현장부서의 직책자보다 더 큰 영향력을 발휘하는 경우가 많다.

직급과 부서가 아닌 '영향력'으로 조직도 분석하기

/

다음 페이지에 나오는 그림은 고객사의 공식적인 조직도를 분석한 후, 그 결과를 육면체로 형상화한 것이다. 그림에서 X축은 '부서'의 역할, Y축은 '직급'의 상하관계를 의미한다. 여기서 중요한 점은 우리가 쉽게 인지할 수 있는 부서와 직급뿐 아니라, Z축의 고객사 내 '영향력'도 분류 기준으로 두고 분석해야 한다는 것이다. 지금부터는 뒤에 자세히 설명할 영향력의 4가지 영역의 관점에 기반해 종합적으로 조직도를 분석할 차례다.

'공식적인 조직도에 비공식적인 영향력을 추가한 입체적 A사 관계자 조직도'의 육면체를 시계 방향으로 회전해 평면 상태로 보면 옆의 그림과 같이 Y축에 해당하는 '직급'은 그대로지만 X축은 '부서'가 아닌 '영향력'이 된다.

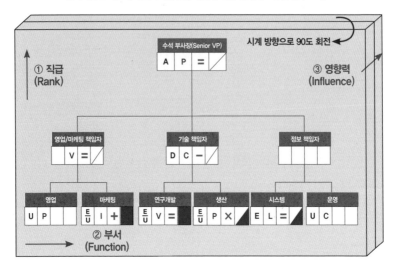

공식적인 조직도에 비공식적인 영향력을 추가한 입체적 A사 관계자 조직도

다음 페이지에 나오는 '입체적 A사 관계자 조직의 단면도'를 보면 공식적인 직급과 비공식적인 영향력을 기준으로 사내 정치 부류는 Ⓐ~Ⓓ의 4가지 영역으로 구분할 수 있다. 대체적으로 공식적인 직급과 영향력은 비례하는 경향이 있으나, 직급이 높다고 해서 반드시 영향력이 높은 것은 아니다.

예를 들어 고객사의 오너 2세 또는 3세는 다소 낮은 직급이지만 이미 그들은 최상위 계층과 핫라인으로 연결되어 있다. 따라서 핵심권력Inner Circle 계층으로 분류해야 한다. 그에 반해 관

최강 조직을 위한 B2B 영업 특강

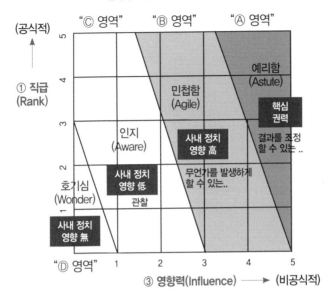

입체적 A사 관계자 조직의 단면도

련 규제나 제도에 의해 반드시 존재하는 컴플라이언스, ESG 및 정보보호 부서와 같은 관계자들은 높은 직급에 비해 권한과 책임은 제한적이어서 실질적으로 우리가 추구하는 프로젝트에 사내 영향력이 크지 않은 경우도 있다. 단, 영향력은 작지만 철저히 롤Role에 기반해 영향력을 행사하므로, 이를 위배하면 그들은 결정적인 딜 브레이커Deal Breaker가 될 수 있음을 명심해야 한다.

그러면 지금부터 각 영역별 관계자의 특징과 영향력을 구분하는 방법을 알아보도록 하자.

관계사 내 최상위 핵심권력인 Ⓐ 영역

Ⓐ 영역은 조직 내에서 핵심권력에 해당하는 계층이다. 상대적으로 직급과 조직 내 영향력 모두 높고, 결과를 조정하거나 결정적인 영향력을 행사할 수 있는 능력을 갖고 있다. 이들 중 최고경영진은 경영철학과 정책에 관심이 높으며 사내 모든 정책에 영향을 미친다. 이처럼 직급이 높고 한 계층 내에서 최고 수준의 권한과 책임을 가진 부류는 사업가치에 집중하며 조직 내에서는 비전과 목표 그리고 전략을 중시한다.

반면 직급은 상대적으로 낮지만 영향력이 높은 핵심권력층이라면 향후 더 높은 직급으로 올라가기 위해 성과 달성에 지대한 관심을 보일 것이다. 이들은 단기성과가 아닌 '지속적인 성과'를 창출한다는 평판을 원한다. 최고경영진에게 새로운 관점과 전략을 제시하는 역할을 하기 때문에 상급자 또는 전문가에게 많은 조언을 구한다. 본인이 속한 조직과 경영문화를 재창조해서 조직에 기여하고자 하는 경향이 있다.

Ⓐ 영역에 속한 부류는 '예리하고 영리한' 특성을 갖고 있으

최강 조직을 위한 B2B 영업 특강

며, 직급과 관련 없이 비공식적 의사소통 네트워크의 중심에 있는 경우가 많다. 또한 조직 내에서 그들을 신뢰하고 추종하는 이들에게 둘러싸여 있기 때문에 다양한 조언을 주고받으면서 조직 내 영향력을 키워가고 있다.

공급사 입장에서 이들은 자사의 경영진 또는 외부 인맥을 활용해 끊임없이 관리해야 하는 대상이다. 특히 이들을 영업적으로 활용할 때는 빈번하게 영향력을 활용하기보다는 '최종 결과를 조정할 수 있다'는 점에 주목해서 의사결정 순간에 가장 임팩트 있게 활용해야 한다.

사내 정치 영향력이 높은 Ⓑ 영역

Ⓑ 영역은 사내 정치의 영향력을 절대적으로 받고 있는 계층이다. 이미 조직 내에서 자신만의 생존전략을 갖고 있다고 해도 과언이 아니다. 조직 내에서 비전과 목표 그리고 전략을 만드는 것보다는 이를 토대로 새로운 사업과 프로젝트를 창출하는 데 관심이 많다.

성과 달성 관점에서 보면 정해진 기간 내에 평가받을 수 있는 단기성과에 몰입하는 경향이 짙고, 핵심권력층의 눈에 띄거나 새로운 프로젝트를 맡는 데 관심이 많다. 관계적인 면에서는 핵심계층에게 자신의 영향력을 전달할 수 있는 네트워크의 최종단일 가능성이 높다. 공급사 입장에서는 고객사 핵심권력의 다양한 정보를 수집하는 데 활용할 수 있다.

또한 이들은 사내 정치의 영향력 안에 있기 때문에 핵심권력의 의중을 읽고 민첩하게 업무를 처리하는 데 능하다. 공급사 입장에서 보면 실무진의 영업활동 영향력과 경영진의 영향력이 중복되는 '믹스존 영역'에 해당한다. 영업 담당자라면 '무언가를 만들 수 있는' 그들의 능력에 집중해야 한다. 최대한 자주 접촉해서 우리에게 유리한 영향력을 발휘할 수 있게 관리할 필요가 있다.

사내 정치 영향력이 낮은 ⓒ 영역

ⓒ 영역은 사내 정치 영향력 측면에서 보면 소외된 계층이다. 핵심계층의 일반적인 사업가치에 주목하고 있으며 관련 정보 수집 능력도 높은 편이지만, 그들이 궁극적으로 추구하는 프로젝트에 대한 정보는 다소 부족하다. 그럼에도 핵심권력인 Ⓐ와 사내 정치의 영향력이 높은 Ⓑ 영역의 현안에 끊임없이 관심을 갖고 수집한 정보를 바탕으로 자신의 업무성과와 연결하기 위해 노력한다.

최고 또는 고위 경영층의 경영철학과 정책의 관점에서 조직 문화를 이해하고 흡수하는 데 항상 최선을 다하고 있으며, 그들의 주목을 받기 위해 사내 정책과 절차를 규칙에 가까울 정도로 중시하는 경향이 있다.

공급자의 입장에서 보면 이들은 핵심계층 주변에서 영향력을 미치는 네트워크에는 속해 있지 않기에 직접적인 영업활동의 대상이 아닐 수 있다. 그러나 사내 정보 네트워크의 종단인 ⑧ 영역과의 관계 개선을 위한 지원은 받을 수 있다. ⓐ 영역과 비공식적인 관계를 맺고자 할 때는 실무진의 긍정적인 여론 조성이 필요한데 이때 활용이 가능하다. 이들에게는 '핵심계층에 대한 영업활동이 가져오는 관계와 우리의 영향력'을 인식시킬 필요가 있다. 그렇게 함으로써 우리를 대하는 태도를 극적으로 개선하는 것은 물론이고 새로운 관계 형성이 가능하기 때문이다.

사내 정치 영향력이 없는 ⓓ 영역

ⓓ 영역은 직급이 낮아서 대부분 사내 정치 영향력 밖에 있다. 간혹 전면에 나서기 싫어하는 핵심계층의 성향 때문에 조직 내에서는 종종 문지기 역할을 수행하는 경우가 있다.

일반적으로 Ⓐ 영역과 Ⓑ 영역에 속한 계층의 현안을 단순한 호기심 관점에서 받아들이는 경향이 있으며, 이러한 정보를 제공받아도 구체적인 행동이나 성과로 연결되지 않는 경우가 많다. 그럼에도 신규 진입 고객사에서 이들이 문지기로서의 역할을 수행한다면, 영업실무 차원에서 초기에 집중적으로 관리해야 하는 대상이다. 이들을 커버리지와 태도 관점에서 우리에게 유리하게 포지셔닝해놓으면 핵심관계자에게 접근할 때 시작점으로 활용할 수 있다.

비공식적인 관계 및 영향력 관점에서 핵심관계자 매핑하기

/

영업활동을 통해 얻은 정보를 기반으로 조직도 내 핵심관계자를 직급과 영향력 관점에서 매핑할 때는 영업 담당자 및 해당 팀뿐 아니라, 관련 지원부서와 필요하면 고객사 내부 관계자의 의견까지도 취합해야 한다. 경우에 따라서는 직책자 및 경영진의 의견까지 포함한 집단지성의 힘을 발휘할 필요가 있다. 앞서 'A사 관계자 조직도'(204페이지 그림 참조)에 언급된 관계자들의 영향도를 다음과 같이 파악했다고 가정해보자.

같은 직급 내에서도 연차 등의 조건이 상세히 고려되어야 하며, 영업활동을 하는 과정에서 비공식적인 관계인 학연이나 혈연 등이 확인될 경우에는 별도의 녹색선으로 연결해보자.

가령 생산 담당자와 기술 책임자가 같은 대학 동문이자 같은 과를 졸업한 학연 관계로 파악되었고, 마케팅 담당자와 영업마케팅 책임자는 군대 선후배 관계로 이전 부서부터 계속 같은 조직에서 일해온 것으로 확인되었다면 이들을 연결해야 한다.

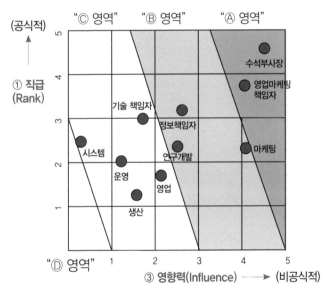

A사 관계자의 영향력과 직급 매핑 결과

* 파악한 관계자 매핑 결과 ⓓ 계층의 관계자는 파악되지 않았다.

이러한 비공식적인 관계는 직급 및 조직의 상하관계와 관계없이 고객의 조직 내에서 우리의 영향력을 전파하는 데 효과적으로 작동하기 때문이다.

아래 그림의 '영역별 그루핑 및 비공식적인 관계에 의한 영향력'은 'A사 관계자의 영향력과 직급 매핑' 결과(211페이지 그림 참조)를 기반으로, 조직도상 같은 영역(그림에서 같은 색깔)에 속한 사람과 비공식적인 관계를 함께 표시한 것이다.

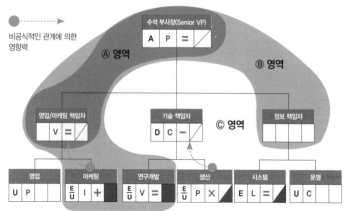

영역별 그루핑 및 비공식적인 관계에 의한 영향력

지금부터는 B2B 영업활동의 관점에서 우리에게 유리한 영향력 전파의 본질 및 정의에 대해 설명하고자 한다. 영향력 전

최강 조직을 위한 B2B 영업 특강

파는 직급에 의해 탑다운Top-Down 방식으로 작용하는 공식적인 권력과 달리 바텀업Bottom-Up 방식으로 작용한다. 동일한 영역 내에서는 일반적으로 하급자에서 상급자로 작용하며, 직급이 비슷한 실무 레벨의 경우에는 부서와 상관없이 상호 전파가 가능하다.

그러나 부서의 책임자들은 같은 영역에 속하거나 비공식적인 관계를 제외하고, 사내 정치 및 부서 간 이해관계로 인한 영향력은 제한된다고 볼 수 있다. 이러한 영향력 전파에 대한 이해를 기반으로 A사에 대한 영업활동을 하며 파악한 영향도 전파 루트를 연결해보면, 아래의 그림 '공식적인 조직에 의한 영향력'과 같다.

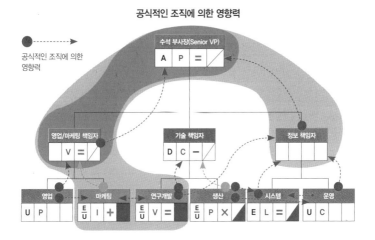

공식적인 조직에 의한 영향력

아래의 그림 '영향력과 핵심관계자'를 보자. 여기에서는 공식적인 조직도에 기반해 핵심관계자를 분류했다. 그 결과(200페이지 '핵심관계자 도출 및 반영된 A사 관계자 조직도' 참조)에 의거해 영업활동으로 영향력을 전파할 핵심관계자는 녹색 원으로, 영향력을 최소화해야 할 대상은 적색 원으로 표시해놓았다.

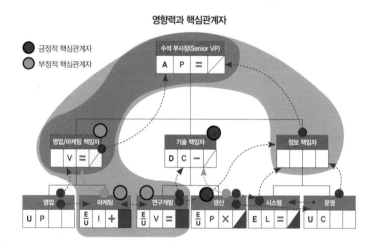

영향력과 핵심관계자

이로써 우리 회사의 고유한 사업가치를 전달하기 위한 영업활동 전략의 토대가 마련되었다. 정리하자면 우리의 사업가치를 전달해야 할 핵심관계자는 녹색 원으로 표시된 마케팅·연구개발·영업마케팅 책임자 총 세 명이며, 부정적인 영향력을 최소화해야 할 핵심관계자는 적색 원으로 표시된 기술 책임자와 생산 담당자다.

지금부터는 우리의 고유한 사업가치를 적재적소에 전달하여 필승 수주를 이끌어낼 '배틀맵Battle Map'을 완성할 차례다. 먼저 아래 그림 '긍정적 가치 전달 루트 설계 및 추가 핵심관계자 파악'과 같이 우리의 고유한 비즈니스 가치를 전달할 수 있는 루트부터 디자인해보자.

해당 조직도상에서 영업활동의 시작점은 우호적인 관계자이며 커버리지가 좋은 마케팅 담당자다. 그를 통해서는 비공식적 관계인 핵심 Ⓐ 영역에 속한 영업마케팅 책임자를 공략한

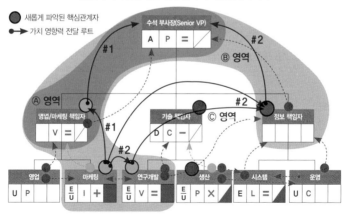

긍정적 가치 전달 루트 설계 및 추가 핵심관계자 파악

후, 최종 승인권자인 수석 부사장에게 사업가치를 전달하는 '루트 #1'을 우선적으로 구상할 수 있다.

그뿐만 아니라 같은 Ⓑ 영역에 속한 연구개발 담당자를 통하거나 또는 직접적으로 Ⓑ 영역의 정보 책임자를 거쳐 수석 부사장에게 가치를 전달하는 '루트 #2'를 구상할 수 있다. 이렇게 가치전달 루트 #2를 효과적으로 가동하기 위해서는 파란색 원으로 표시된 정보 책임자를 핵심관계자로 추가하고 관리해야 한다.

지금까지 긍정적인 영향력을 전파하는 루트를 설계했다. 이제는 부정적인 영향을 미칠 수 있는, 적색 원으로 표시된 핵심관계자의 영향력을 약화시킬 방안을 설계할 차례다. 부정적인 영향력 차단을 위해서는 우리가 이해하고 있는 영향력과 더불어 공식적인 상하관계에서 비롯되는 권력을 복합적으로 이용해야 한다.

다음 페이지에 나온 '부정적 영향력 차단을 위한 영향력 루트와 권력 구조' 조직도에는 부정적인 효과를 차단할 수 있는 '루트 #3'과 '루트#4'를 제시할 수 있다. 마케팅 담당자를 영업의 시작점으로 같은 Ⓑ 영역에 속해 있으며 혁신 성향이 비슷

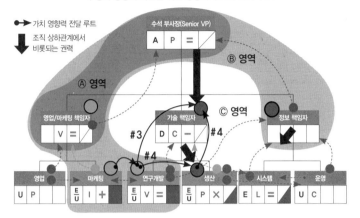

부정적 영향력 차단을 위한 영향력 루트와 권력 구조

한 연구개발 담당자를 활용한다. '경영층의 경영철학과 정책의
관점에서 조직문화를 이해하고 흡수하는 데 항상 최선'을 다한
다는 특성을 가진 ⓒ 영역에 속한 기술 책임자(루트 #3)와 생산
담당자를 통해 기술 책임자(루트 #4) 방향으로 우리의 영향력을
사용하는 전략이다. 가령 영업활동을 통해 얻은 '핵심권력층인
Ⓐ 영역에 속한 영업마케팅 책임자와 수석 부사장이 우리를 지
지하고 있다'는 정보를 그들에게 제공한다면, 사내 정치에 불리
한 환경 인식과 우리를 대하는 태도를 고려할 때 이들의 부정
적인 영향력을 차단하거나 약화시킬 수 있다.

이처럼 부정적 영향력을 차단하기 위해 공식적인 권력을 이용하는 방법은 무엇일까? 수석 부사장을 공략하는 '루트 #1'을 활용해 기술 책임자를 압박하고, 그 권력이 생산 담당자에게도 미치게 하는 것이다. 또한 긍정적인 영향력 전파를 위해 새롭게 추가한 핵심관계자인 정보 책임자를 통해 프로젝트에서 평가자 역할을 담당하게 될 시스템 담당자의 부정적인 영향력도 차단할 수 있다.

배틀맵은 이러한 과정을 거쳐서 완성된 핵심관계자 공략을 위한 최선의 전략이다. 물론 실제 현장에서 적용해보면 수많은 변수와 불확실성에 직면할 수 있다. 그럼에도 팀워크 관점에서 경영진과 영업팀을 포함한 프로젝트 투입 인력이 고유한 사업 가치를 기반으로 핵심관계자 공략법을 이해하고 공유한다면, 경쟁사 대비 상상을 초월하는 조직의 역량 향상과 성공적인 영업 결과를 이루어낼 수 있을 것이다.

B2B 영업을 하며 우리가 잊지 말아야 할 것이 있다. 바로 조직은 '생물生物'이라는 점이다. 앞서 언급한 영업기회 판단과 마찬가지로 기존의 전략이 원하는 결과로 이어지지 않을 때는 수시로 전략을 점검하고 수정해서 모든 프로젝트 인력과 공유해야 한다.

영업기회의 배틀맵(BattleMap)

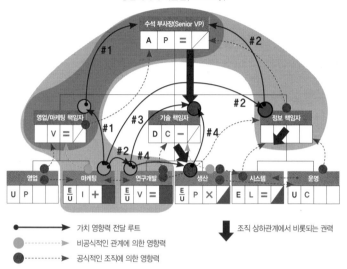

- ●──────▶ 가치 영향력 전달 루트
- ●- - - -▶ 비공식적인 관계에 의한 영향력
- ●- - - -▶ 공식적인 조직에 의한 영향력
- ⬇ 조직 상하관계에서 비롯되는 권력

제4장
B2B 영업을 위한
핵심관계자와의
관계 수립 전략
_B2B 영업 프레임 3단계

B2B SALES STRATEGY

고유한 사업가치
전달을 위한 관계 수립

        B2B 영업에 성공하기 위해서는 아주 지난한 여정을 거쳐야만 한다. 우리의 솔루션이 고객사 내부에서 대체 불가능한 최선의 선택이라는 인식이 공고해지면서 구매로까지 이어져야 하는데 그 과정은 결코 쉽지 않다. 이 과정에서 가장 중요한 것은 고객사에 적합한 고유한 사업가치를 개발해서 핵심관계자에게 효과적으로 전달하는 것이다.

  이 모든 과정은 사람과 사람 간의 관계를 통해 이루어진다. 그러므로 영업활동 초기에 영업 담당자 혹은 경영진은 관계자들에게 고객사의 의사결정 이벤트와 관련된 문제를 해결 또는 개선할 수 있다는 믿음을 주는 것이 아주 중요하다. 이를 위해서는 사적인 관심보다는 조직 차원의 관심에 집중해야 한다. 특히 우리가 고객사의 핵심 사업 분야와 연관된 경영상의 문제를 해결할 수 있음을 증명해 보이는 것이 급선무다.

핵심관계자의 '관심사'에 따른
커뮤니케이션을 통한 관계 수립 전략

/

고객사의 핵심관계자는 대부분 핵심권력인 Ⓐ 영역 또는 사내 정치 영향력이 높은 Ⓑ 영역에 속하는 경우가 대부분이다. 이처럼 결정적인 순간에 의사결정에 지대한 영향을 미치는 핵심관계자들과 소통하기 위해서는 그들이 관심을 갖는 주제별로 개인적인 신뢰를 쌓을 수 있는 방안을 마련해야 한다. 지금부터는 핵심관계자의 관심사에 맞춰 관계 수립을 하기 위해 어떤 커뮤니케이션 전략을 짜야 하는지 살펴보자.

사업가치에 관심이 큰 경우

핵심관계자는 끊임없이 새로운 사업가치를 창조하고자 노력한다. 특히 가시적인 성과를 내서 자신들이 얼마나 책임감 있는 리더인지 확인시키려는 욕구가 강하다.

이들과 신뢰를 구축하기 위해서는 3가지 커뮤니케이션 전략이 필요하다. 첫째, 기술적 혹은 단편적인 가치보다는 사업 전체를 아우르는 통찰의 관점에서 이야기해야 한다. 둘째, 우리의 관점이 아닌 고객의 관점에서 사업가치에 접근하고 증명해야 한다. 셋째, 그들에게 우리가 해당 프로젝트에 얼마나 강한 책임감을 갖고 있는지 전달하는 커뮤니케이션에 집중해야 한다.

성과 달성에 대한 관심이 큰 경우

미래의 성과에 지대한 관심을 보이는 핵심관계자들은 지속적인 성공을 갈망한다. 그러므로 우리 회사가 어떤 성장곡선을 그리며 성과를 내고 있는지 보여주면서 적극적인 공감을 끌어내고 인정받는 데 주력할 필요가 있다. 즉 이들과 신뢰를 구축하기 위한 커뮤니케이션 전략은 우리의 경험과 성공의 결과를 수치적으로 증명해 보이면서 강한 믿음을 주는 것이 우선이다. 또한 과거 그들의 성공에 대해서도 적극적인 공감과 인정을 표현함으로써 우리의 성공 프로젝트에 대한 인정을 동시에 끌어내야 한다. 이는 관계 측면에서 중요한 전략이다.

관계 맺기에 관심이 큰 경우

핵심관계자들은 대부분 자신이 신뢰하거나 추종하는 사람들에게 둘러싸여 있지만, 그들의 한계를 파악해 사고의 균형을 잡고자 노력하는 경향이 있다. 이들과 신뢰를 구축하기 위해서는 결정적인 대면의 순간 전에 그의 팀 혹은 그가 신뢰하는 주변인들과 충분한 신뢰 관계를 형성하는 것이 급선무다. 그러면서 우리가 확보하고 있는 휴먼네트워크를 소개하고, 핵심관계자의 팀과 상호 시너지를 낼 수 있는 방안도 제시해야 한다.

경영철학과 정책에 관심이 큰 경우

핵심관계자는 회사와 핵심권력층의 경영철학과 정책 방향을 그대로 받아들여서 실질적인 가이드나 규칙에 적용하는 경향이 있다. 핵심관계자와 커뮤니케이션하기 위해서는 그들이 지향하는 경영철학과 문화에 우리가 적용할 수 있는지 여부(수주 가능성-제3영역-체크리스트④ 참조)를 사전에 점검하는 것이 아주 중요하다.

사전 적응이 가능하거나 최소한 그들의 수준에 맞출 수 있다고 판단될 때 비로소 접촉을 시도해야 한다. 접촉한 후에는 그들의 문화에 철저하게 적응하거나 혹은 적응한 것처럼 보이도

최강 조직을 위한 B2B 영업 특강

록 노력해야 한다.

핵심관계자가 '우리를 대하는 태도'에 따른 관계자 활용 전략

고객사의 핵심관계자는 우리에게 우호적인 지지자와 멘토일 뿐 아니라 때로는 비 지지자나 적대관계자가 될 수도 있다. 따라서 영업기회를 성공시키기 위해서는 우호적인 핵심관계자의 영향력은 극대화하고, 적대적인 핵심관계자의 영향력은 최소화해야 한다. 그래야 우리의 고유한 사업가치를 적재적소에 효과적으로 전달해서 고객이 우리를 공급자로 선택하도록 유

우리를 대하는 태도에 따른 관계자 활용전략

태도	Enemy 적대관계	Non-supporter 비 지지자	Neutral 중립	Supporter 지지자	Mentor 멘토
	✕	‒	=	＋	★
전략	방어적			공격적	
	중화 (Neutralize)		동기유발 (Motivate)	활용 (Leverage)	

도할 수 있다.

성공적인 영업활동을 위해서는 지지자와 멘토 역할을 하는 핵심관계자를 공격적으로 활용해서 영향력을 극대화할 수 있는 '활용전략'을 수립해야 한다. 만약 핵심관계자가 중립적인 태도를 가지고 있다면 '동기유발'을 통해서 우호적인 세력으로 전환시키는 게 좋다. 만약 여의치 않다면 최소한 적대적인 태도는 취하지 않도록 조치를 취하는 것이 최선이다. 또한 비 지지자이거나 적대적 태도를 취하는 핵심관계자는 '중화Neutralize전략'으로 영향력을 최소화할 필요가 있다. 지금부터는 각 전략의 목표와 과정 그리고 반드시 지켜야 할 주의사항에 대해서 살펴보고자 한다.

지지자와 멘토 역할을 하는 핵심관계자 활용법

핵심관계자 중 지지자와 멘토 역할을 하는 이들과는 적극적으로 신뢰를 쌓아서 경쟁적 우위를 선점해야 한다. 이를 위해서는 관계 수립 목표 및 활용 과정을 수립해볼 수 있다.

먼저 우리 회사의 고유한 사업가치와 고객사 내외부의 다양한 정치적 상황 관점에서 경쟁사 대비 우위에 있음을 확인시켜주면서 우리를 선택한 그들의 판단이 옳다는 믿음을 명확히 심어주어야 한다. 또한 그들에게 어떤 가치를 줄 수 있는지 분명히 밝히고 이해시킬 필요가 있다. 이러한 과정을 거친 후에는 우리가 원하는 것에 대해 구체적인 도움을 요청할 수 있다.

이때 반드시 지켜야 할 주의사항은 지지자 또는 멘토가 조직 내 지위와 능력에 맞게 수행 가능한 도움을 요청해야 한다는 점이다. 만약 수주에 실패할 경우에는 우리를 도와준 핵심관계자가 피해를 입지 않도록 각별히 주의해야 한다. 그리고 영업의 성공 여부와 관계없이 계속적인 지지 및 멘토 관계 유지를 위해 기브앤테이크 정신을 발휘하는 것도 잊지 말자. 우리가 줄 수 있는 적법한 가치적 보상을 잊어서는 안 된다.

중립적 태도의 핵심관계자를 대하는 동기부여법

지지자도 적대자도 아닌 중립적 태도를 지닌 핵심관계자와는 신뢰를 쌓아나가는 것이 가장 중요하다. 신뢰를 바탕으로 조직 내에서 우리의 지위에 대한 지지를 강화하는 전략을 수립해야 한다.

가장 먼저 핵심관계자의 현재 상황 및 위치에 대해 이해하고 공감하는 것이 우선이다. 그런 후 영업활동을 하면서 핵심관계자와 자연스럽게 연결점을 만들어 우리의 가치가 현 프로젝트에 부합할 뿐만 아니라 조직 문제를 해결할 수 있음을 증명해 보여야 한다. 이는 고객사에게 우리의 고유한 사업가치에 대한 믿음을 강화시키는 데 있어 가장 중요한 방법이다.

다만 이들에게 접근할 때는 감정이 개입되면 안 된다. 이 경우 감정의 개입은 우리의 고유한 사업가치에 대한 믿음 형성에 도움이 안 될 수도 있다. 이들에게는 우리의 가치를 증명할 수 있는 기회가 생겼을 때 철저한 준비를 해서 사실과 우리의 가치에 기반해 긍정적 반응을 확실히 이끌어내는 것이 최선의 전략이다.

적대관계자 혹은 비 지지자의 영향력을 최소화하는 중화전략

비 지지자와 적대관계에 놓인 관계자들에게는 영향력을 최소화하는 중화전략을 펼쳐야 우리의 지위를 보호하고 위험요인을 줄일 수 있다. 성공적인 중화전략을 위해서는 아래 3가지 중화전략 사용이 가능하다.

우선 우리 회사에 부정적인 편향이 강하다면 공존전략을 제시하고(가령 영업활동 시 핵심관계자의 현 위치 및 이해관계에 대해 절대 선을 넘지 않겠다는 약속과 이에 대한 증명) 변화를 유도할 수 있다. 두 번째는 우리와 어긋난 의제와 견해를 갖고 있을 때다.

최강 조직을 위한 B2B 영업 특강

이런 경우에는 논쟁하지 않고 동의하거나 적극적인 공감을 드러내면서 그들의 주장을 약화시킬 필요가 있다. 마지막으로 우리에게 적대적인 이유가 우리 영업팀 담당자와 개인적인 갈등으로 확인된다면, 갈등을 유발한 담당자 대신 새로운 인력으로 교체할 것을 심각하게 고려해야 한다.

이처럼 적대관계자와 비 지지자와의 소통전략을 수립할 때는 영업 단독으로 결정하지 말고, 팀 내에서 충분한 소통을 거쳐서 대안을 세운 후 실행해야 한다. 또한 대안을 실행하기 전에 반드시 고객사 내 멘토와 상의한 후 그의 조언을 받는 편이 안전하다.

지금까지 영업기회를 발견하고 성공적인 수주를 위해 어떤 노력을 기울여야 할지 다각도로 살펴보았다. 가장 먼저 고객사의 권력구조에 따른 공식적 혹은 비공식적 관점에서 핵심관계자의 영향력을 판단해 대응전략을 수립하는 법을 제시했다. 이어 전략 수립 후 해당 사업에 대한 핵심관계자의 관심도와 그들이 우리를 대하는 태도에 따른 가장 효과적인 관계 수립 방법론까지 알아보았다.

다음 장에서는 전사 영업전략 관점에서 상황에 따른 경쟁전략 수립에 대해 이야기할 것이다.

제5장

영업기회별 맞춤 전략 수립
_B2B 영업 프레임 4단계

B2B SALES STRATEGY

영업기회를 획득하기 위한
케이스별 맞춤 전략 짜는 법

'이번 영업기회는 확실히 우리의 사업가치를 더 높여줄 수 있어. 어떻게 해야 그 기회를 우리 것으로 만들 수 있을까?'

최적의 고객사와 영업기회를 만나면 영업 담당자의 가슴은 뛴다. 하지만 반드시 수주하고 말겠다는 결의가 구체적인 성과로 이어지려면 경쟁에서 우위를 점하고 마지막 순간에 낙점을 받아야 한다.

이것이 가능하려면 고객의 목표, 즉 결정적 의사결정 이벤트에 대해 우리가 제공할 수 있는 사업가치를 효과적으로 전달할 수 있는 경쟁전략이 필요하다. 이러한 전략은 영업기회와 관련한 우리의 현재 상태 분석에서 기회를 확보하기 위한 적절한 경쟁전략 수립까지, 단계적으로 이루어져야 한다.

실제로는 복잡한 판단기준에 따라 고려해야 할 요소도 많지만, 여기서는 주요한 두 가지만 살펴보려 한다. 기존 사업을 유지하고자 하는 방어적 상황과 신규 사업 또는 새로운 시장에 진출하고자 하는 공격적 상황으로 나누어 경쟁전략을 수립하는 방법을 알아보자.

> 본 장에서는 각 전략별로 실행해야 할 세부 행동 및 전략에 대해 제2장에서 다룬 영업기회 점검의 내용과 145~153페이지의 체크리스트를 참고해 영업기회 분석의 결과를 가지고 전략을 수립할 수 있도록 '4대 분야-영역-체크리스트'를 형광펜으로 표시했다.

지위의 유지 혹은 미래가치를 고려한 '방어적 전략'_유지의 관점

방어적 상황이란 지금까지는 우리가 고객사에 솔루션을 공급하는 지위를 유지하고 있으나, 향후에는 고객사가 다양한 업체들 간 경쟁구도를 만들어서 적절한 공급자를 재선정할 것으로 예상되는 상황이다. 혹은 지금은 우리가 해당 고객사에 공급자로서의 지위가 없지만, 미래가치를 염두에 두고 영업활동을 해야 하는 경우다. 이러한 상황에서는 일종의 '진지구축'과 같은 전략을 실행할 수 있다. 좀 더 세부적으로는 방어전략과 개발전략으로 나눌 수 있다.

경쟁사의 공격을 막아내는 '방어전략'

고객사의 내부 정책이나 불가피한 이유로 경쟁입찰이 예상될 경우에는 경쟁사의 공격에서 현재의 공급자 위치를 사수하는 방어전략을 펼쳐야 한다. 이때는 고객사 내 임원급의 신뢰 여부 파악(수주 가능성-제2영역)과 고객사 내부의 지원 여부를 파악(수주 가능성-제1영역)해야 한다. 그리고 고객사 내의 신뢰를 기반으로 고유한 사업가치의 도출 및 가치 제안하기(경쟁력-제5영역)와 같은 방안을 적극적으로 모색해야 한다.

방어전략을 실행할 때 가장 경계해야 할 점은 고객에게서 소외되는 상황이다. 이러한 상황이 경쟁사의 공략에 가장 취약하다고 볼 수 있다. 항상 고객과 '컨택트'를 유지하고 경쟁사의 동향을 살피면서 민첩하게 대응하는 것이 중요하다. 이때의 세부 행동전략은 '지키기'와 '고립시키기'다. 상황에 따라 이 2가지 전략을 유연하게 사용하길 권한다.

경쟁우위 지키기	경쟁사 고립시키기
• 우리가 구축한 영향력과 영업력을 활용해서 경쟁사의 입찰을 사전에 차단한다. • 고객과의 관계를 지속적으로 향상시킨다(수주 가능성-제4영역-체크리스트 ③, ④). • 고객사의 내부지지자를 보호하고 지원을 아끼지 않으면서 다양한 부서로 영역을 확장해 나간다(수주 가능성-제1영역).	• 경쟁상황을 최대한 피하는 행동전략이다. 고객사 내 핵심관계자 또는 필요시 고위경영진과 정기적이고 비공식적인 만남을 갖고, 멘토와 지지자를 활용해 경쟁사의 노력을 원천적으로 희석한다(수주 가능성-제4영역&제5영역).

향후 경쟁상황에 대비한 '개발전략'

미래의 영업기회를 발굴하고 입지를 강화하는 전략이다. 현재 상황에서는 경쟁사의 공격을 받거나 가까운 미래에 경쟁상황이 예상되지는 않지만, 항상 경쟁의 위험이 도사리고 있기 때문에 평소 입지를 강화하자는 취지다.

가령 고객사 내에 중요한 의사결정 이벤트가 존재하지 않거나, 경쟁 상황이 아닐 때는 담당자의 인접 부서와 핵심관계자에 대한 커버리지를 지속적으로 확대해 나가는 전략이 중요하다. 이는 향후 경쟁상황을 지연시키는 데 결정적인 영향을 미친다.

최강 조직을 위한 B2B 영업 특강

제2장에서 심도 깊게 살펴본 영업기회 판단을 위한 4가지 기둥, 총 20개 영역에 관한 정보를 수집하고 판단해 새로운 영업기회를 확보해 나가야 한다. 고객사의 경영층과 신뢰 구축 활동을 추진하면서 필요하다면 경쟁사의 진입 자체를 어렵게 만드는 전략적 투자도 적극적으로 검토할 필요가 있다.

투자하기	경쟁업체의 진입을 차단 또는 지연시키기
• 고객사 내 결정적 의사결정 이벤트가 발견되지 않을 경우(실현 가능성 −제5영역) • 고객사 내 커버리지를 확대하면서 다양한 의견을 경청하며 기다린다. • 경쟁에서 선점하기 위한 투자 마케팅 전략을 실행한다.	• 솔루션이나 서비스의 고객만족도를 제고시킨다(경쟁력−제2영역). • 솔루션이나 서비스 측면에서 보다 매력적인 대안을 제시한다(경쟁력−제5영역). • 내부지지자에게 지원을 요청해서(수주 가능성−제1영역) 경쟁업체의 진입을 지연시킨다.

경쟁이 치열한 상황에서의 '공격적 전략' _ 신규 사업 관점

고객사에 이미 우리 회사의 솔루션과 비슷한 제품을 공급하는 경쟁사가 존재하고, 내부적으로 중요한 의사결정 이벤트가 존재하는 상황이라면 공격적인 전략을 펼쳐야 한다. 이런 경우에 고객사는 정해진 기간 내에 업체 간 경쟁을 통해 적절한 공급자를 선정할 가능성이 높다. 영업기회의 수주 가능성을 내부적으로 판단한 후 새로운 영업기회라 여겨진다면, 현 공급사 및 잠재적 경쟁사와 우리의 경쟁우위를 냉철하게 판단해서 적절한 전략을 세워 실행에 돌입해야 한다. 이처럼 공격적인 상황에서는 4가지 실행 전략을 수립해볼 수 있다.

경쟁우위 상황에서 택하는 '정면승부 전략'

고객사 내부의 객관적인 평가를 토대로 경쟁사와의 전력을 비교해보자. 만일 우리가 솔루션·가격·명성에 있어서 절대적 우위에 있다면 정면승부 전략을 실행해야 한다. 이 전략을 펼칠 때는 규모와 속도 그리고 고객 경험의 극대화를 위한 'Wow 전략'이 적절하다. 이는 영업자원을 집중(경쟁력-제3영역)해 고객에게 우리의 절대적인 경쟁우위를 다각도로 부각시킴으로써 감탄하게 만든다는 의미다.

가끔은 고객사에 노골적일 정도로 우리의 강점을 어필할 수도 있다. 대개 경쟁구도에서 우리가 쉽게 이길 수 있는 상황이라고 판단한 경우 이렇게 한다. 이런 영업전략은 과거 일부 독과점기업이 구사한 적이 있었다. 하지만 현재는 극소수의 기업을 제외하고는 절대적 우위를 가진 경우가 거의 없기 때문에 널리 활용되는 전략은 아니다.

정면승부전략과 관련한 세부 실행전략은 다음과 같다.

솔루션 우위일 경우	명성 우위일 경우
• 기능·가격·성능의 우위 강조하기 • 특허(또는 고유) 기반의 기술 우위 강조하기 • 고객 맞춤(안정성·보안성 등) 관점에서의 우위 확보하기	• 고객과의 관계와 유사 사업수행 관점에서 성공 스토리(ROI 및 재무적 관점 포함) 강조하기 • 브랜드 자체의 가치 및 명성의 우위 강조하기

경쟁 법칙을 유리하게 바꾸는 '측면유도 전략'

기존 공급자와의 경쟁에서 경쟁사가 갖고 있지 않은 분야로 확장하거나 고객의 구매 및 판단기준의 변화를 모색하는 전략이다. 기존 공급자와 동등하거나 다소 열위에 있는 상황에 처했을 때 선택하는 전략이다. 우리가 보유 중인 영업 영향력과 차별화를 통해 고객의 구매기준을 변화시켜서 제공하고자 하는 솔루션 혹은 서비스의 방향성을 우리 쪽에 유리하도록 바꾸는 것이 목적이다. 이 과정에서 고객사의 구매기준과 관련해 차별화된 이슈를 부각하고, 이에 대한 해결책을 제시해야 한다.

이 전략을 실행하기 위해서는 경쟁사나 고객사의 룰에 기반한 영업활동은 지양하고, 적절한 때에 정확한 타깃을 정해서 중요한 이슈를 던지는 것이 중요하다. 이때 고객사 내의 문제점을 부각해서 우리가 제공하는 솔루션이 해당 문제를 어떻게 해결할 수 있는지 구체적으로 입증해내야 한다. 이 과정에서 가능하다면 고객사 내부의 지원(수주 가능성-제1영역)을 요청하는 것이 바람직하다.

측면유도 전략을 펼칠 때는 이 전략을 실행하는 과정에서 차별화를 위한 변경이나 맞춤형 전략이 필요하므로 영업원가가 얼마나 늘어나는지(경쟁력-제2영역, 체크리스트 ③, ④) 반드시 모니터링 한 후 전략을 실행해야 한다. 무엇보다 우리가 추진하고자 하는 방향성과 전략이 절대로 고객사 내 비 지지자와 적대 관계자 그리고 경쟁사에 노출되지 않도록 하는 것이 중요하다.

경쟁법칙의 변화(A→B) 전략은 예를 들면 다음과 같다. 고객의 구매 판단 우선순위가 기능이라면, 가격이 저렴하면서도 기

경쟁법칙의 변화	강화 및 전선의 확장
• 새로운 이슈를 내세워 고객사의 구매기준 우선순위를 A→B로 변경(경쟁력-제1영역)하거나 이동(수주 가능성-제4영역-체크리스트 ①, ②)시키기 • 축구에서 골 포스트를 옮기는 전략과 같다.	• 기존 이슈에 새로운 기준을 더해 구매의 기준을 A→A+1로 강화시킨다(수주 가능성-제4영역-체크리스트 ①, ②). • 새로운 구매기준을 A→A+B추가 한다(경쟁력-제1영역).

능적으로 비슷한 수준의 솔루션을 제안함으로써 구매 판단기준을 기능에서 가격으로 이동시키는 것이다. 그 반대의 경우라면 다소 비싸지만 향후 추가 기능을 제공하거나 고객사에 발생할 수 있는 위험을 감소시킨다는 전략을 내세워 구매 판단기준을 가격에서 기능으로 바꿀 수 있다.

강화(A→A+B) 전략은 기존의 구매기준이 우리에게 다소 유리한 상황에서 우리가 유리한 부분의 기준을 더 강화하는 전략이다. 예를 들어 우리가 유리한 서비스 분야에 경쟁사 대비 더욱 더 강력한 SLA^Service Level Agreement를 제공하는 것과 같다.

전선의 확장(A→A+B) 전략은 경쟁사가 갖고 있지 않은 서비스 또는 솔루션을 추가로 제안함으로써 고객의 구매 판단기준에 우리가 제안하는 추가 솔루션(B)을 반영해 전선을 확대하는 전략이다.

영업기회를 작은 단위로 나누는 '세분화 전략'

이 전략은 우리가 제공하는 솔루션 혹은 서비스가 특정 분야에서 경쟁우위를 확보하고 있으나, 고객의 구매 범위가 통합적으로 구성되어 우리의 전체 경쟁력이 약할 경우 주로 쓴다. 우리가 우위를 확보한 특정 분야로 세분화하여 이 부분만 신규 고객에 진입하는 전략이다. 이 전략을 실행할 때는 현재 우리가 가장 잘할 수 있는 부분을 강조한다. 고객사 내부지지자의 지원(수주 가능성-제1영역)이 절대적으로 전략 실행에 도움이 된다.

고객사가 자사의 미래전략에 근거해서 우리의 솔루션을 판단하고 선택(전략적 가치-제2영역-체크리스트 ③, ④)할 수 있도록 유도해야 한다. 분할로 추가 비용이 발생(경쟁력-제2영역-체크리스트 ③, ④)할 수 있으므로 영업원가에 대한 명확한 사전 검증이 중요하다.

틈새전략	공존전략
• 고객사의 부서·지역·서비스 세분화 가능 단위로 나눠서 접근하는 전략 • 고객사가 수락하기 쉬운 부분부터 진입한 후, 다른 영역으로 넓혀 나가는 '풋인도어' 전략으로 교두보를 확보한다.	• 현재 환경과 완벽하게 호환되는 솔루션을 기반으로 강점 있는 분야로 역량을 확장한다. • 고객의 투자효율을 증대하는 '분할 익亽割益'을 찾아서 강조한다. 이른바 '1+1=3' 전략이다.

* 설득 및 마케팅 전략에서 자주 사용되는 '풋인도어Foot in the door 전략'은 작은 요청을 먼저 수락하게 한 후, 더 큰 요청을 하는 심리학적 기법이다. 작은 요청을 수락함으로써 사람은 일관성을 유지하려는 욕구로 인해 더 큰 요청도 수락할 가능성이 높아진다.

경쟁사에 피해를 주기 위한 '허장성세 전략'

허장성세 전략의 목적은 영업기회의 수주가 아니라 경쟁사 또는 기존 공급사에 부담을 주는 데 있다. 경쟁사의 서비스 수준이나 경쟁력을 약화시켜서 고객사의 내부에서 우리를 지지하는 이들에게 도움을 주고, 그들의 정적政敵이 가진 영향력을 약화시키는 전략이다.

이 전략은 우리가 제공하고자 하는 솔루션이 경쟁우위 관점에서 기존 공급사나 경쟁사에 비해 현저히 떨어지거나, 영업환경 측면에서 불리할 때 실행해볼 수 있다. 또한 수주 확률이 아주 낮은 상황이지만, 내부 영업자원에 일부 여유가 있고 향후 유사고객을 공략하는 노하우를 습득하기에 좋은 기회라고 판단될 때 유용한 전략이다.

다만 이 전략은 실행하기 전에 반드시 고객사 내부지지자와 사전 소통을 해서 계획에 대한 검증을 받아야 한다. 먼저 과도한 저가 공급안으로 영업활동을 하는 방법이 있다. 그러나 의도치 않게 공급자로 선정될 경우까지 대비해 감당할 정도의 적절한 수준으로 진행해야 한다. 필요하다면 과감한 엑시트Exit 전략도 고려할 수 있다.

또 하나는 경쟁사의 약점을 분석해 수익성을 악화시키는 전략이다. 경쟁사가 가장 취약한 부분의 구매기준 범위를 확장해 원가 증가 요소를 극대화하게 만든 후, 우리가 중도에 프로젝트를 포기하는 것이다. 하지만 이 두 전략 모두 시장에서 우리 회사의 명성에 타격을 주거나, 고객의 신뢰를 잃어 향후 영업기회를 얻지 못할 위험을 안고 있다. 그러므로 실행하기 전 심사숙고하여 의사결정을 해야 한다.

동일 기준 최저가 제시	구매기준의 범위 확장 유도
• 고객사의 구매기준을 유지한 상태에서 경쟁사의 원가구조를 분석한 후, 경쟁사가 대응하기 어려운 최저가로 영업활동을 진행해 고객의 기대 가격을 낮춘다.	• 고객사의 구매기준에 근거해 유력 경쟁사의 약점을 분석한 후, 해당 구매기준의 범위를 확장하는 전략으로 추가 비용 및 내외부 리소스 요구사항(경쟁력-제2영역-체크리스트 ④)을 증가시켜 원가를 높이면 경쟁사의 수익을 약화시킬 수 있다.

전략 실행의 원칙

영업기회를 판단한 후 적절한 전략이 수립되었을 때는 몇 가지 실행원칙을 고려해야 한다. 우선 단일 영업기회에는 단일 전략 수립과 실행을 원칙으로 삼는다. 동일 고객 내에 다수의 영업기회가 존재할 경우에는 영업기회에 맞는 다수의 전략 수립과 실행을 원칙으로 삼아야 한다.

일단 전략을 수립한 후에는 고객사 영업환경에 변화가 일어

나지 않는 한 수립한 전략을 그대로 유지해 나갈 필요가 있다. 만약 변화의 양상이 감지되거나 전략의 실행이 계획대로 되지 않을 때는 어떻게 해야 할까? 현재 전략에 대한 실행과 적절한 판단을 위해 반드시 제2장에서 언급한 영업기회와 관련한 체크리스트에 기반해 재점검을 실시해야 한다. 이에 따라 현재 전략을 지속적으로 추진할지 아니면 변화된 환경에 맞춰 새로운 전략을 수립하고 실행할지를 결정할 필요가 있다.

상황에 따른 전략 수립 흐름도

/

다음 페이지의 그림은 영업기회 판단 후 상황에 따른 세부항목과 전략 수립 방안을 연계한 업무 흐름도이다. 물론 그림처럼 현재 진행하는 영업기회의 모든 상황이 정확히 맞아 떨어지지는 않을 것이다. 그러나 가장 유사한 사항을 상정해 이를 바탕으로 여건과 상황을 고려해서 영업기회를 성공시키기 위한 경쟁전략을 수립해보자.

상황에 따른 전략 수립 흐름도

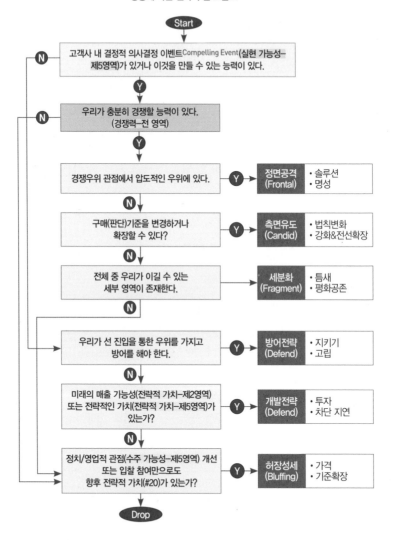

결정적 순간의 대면 전략 수립을 위한
G.O.S. 프레임워크

영업 담당자들에게 가장 긴장되는 순간은 언제일까? 바로 고객과의 첫 만남 또는 결정적인 순간의 만남을 준비할 때다. 첫 만남을 준비할 때는 대부분 고객에게 줄 수 있는 가치와 이익을 부각시킬 승부수를 마련하는 데 집중한다. 그런데 요즘은 고객사들도 공급사에 대해 사전 검토 후 미팅에 응하기 때문에 만남 자체가 큰 의미가 되지는 않는다.

고객과 미팅할 기회를 잡으면 사전준비를 철저히 해야 한다. 그동안의 영업활동 노하우를 집약해서 단 한 번의 기회에 승부를 걸어야 하기 때문이다.

그러면 어떻게 해야 제한된 시간에 우리만의 가치를 담은 메시지를 제대로 전달할 수 있을까? 결정적인 순간 고객과 성공적으로 대면하기 위한 스토리텔링 전략 수립 프레임워크를 소개하고자 한다.

'*G.O.S. 프레임워크*'로 고객 스토리텔링 전략 수립하기

/

모든 영업활동은 현재 고객이 처한 문제점을 우리가 해결 또는 개선할 수 있다는 믿음을 전달하는 데서 시작한다. 이를 위해서는 '고객과 우리의 입장'을 동시에 고려할 수 있는 명확한 기준이 필요하다. 나는 이 기준을 목표^{Goal}, 목적^{Objective}, 전략^{Strategy}을 포함한 G.O.S. 프레임워크로 설정해서 결정적 순간의 영업활동에 적용해왔다.

고객의 목표와 목적, 전략을 상정하고 이에 따라 우리의 목표와 목적, 전략을 구상한 뒤 고객의 그것과 연결해 상호 원원의 대응 전략 및 스토리텔링 전략을 수립하는 것이다.

상호 원원의 G.O.S. 프레임워크 활용 방법

/

G.O.S. 프레임워크를 도표화하면 다음과 같다. 여기에서 고객과 우리의 목표^{G}와 목적^{O}, 그리고 전략^{S}은 아래위로 개념이 연결되어야 한다. 중요한 것은 빨간색으로 표시된 '상호 원원의 연결선'인데 이는 스토리텔링의 축이 된다.

우리의 '궁극적 목표(G)'는 고객의 관계 정의 관점에서 설정하라

목표는 고객은 '어디로 가야 하는가?'에 대한 답이다. 이는 '고객의

G.O.S. 프레임워크 템플릿

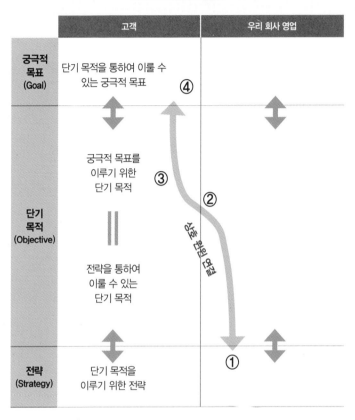

고객	우리 회사 영업

궁극적 목표 (Goal)
단기 목적을 통하여 이룰 수 있는 궁극적 목표 ④

단기 목적 (Objective)
궁극적 목표를 이루기 위한 단기 목적 ③

②

전략을 통하여 이룰 수 있는 단기 목적

상호 전략적 연결

전략 (Strategy)
단기 목적을 이루기 위한 전략

①

장기적인 비전이나 예측'에 관한 목표다. 그리고 새로운 시장이나 우리의 입장에서 보면 고객군과의 '관계 정의'에 관한 목표다. 전사 관점의 목표와는 구별해야 하며 고객과의 관계 정의에서 우리의 목표를 설정해야 한다. 예를 들어 '고객의 장기 비전'이 '우리가 영위하는 분야에서 업계 선두가 된다'이며 이를 달성하기 위해 '고객'이 '현재 우리의 업계 시장 점유율을 2년 내 20퍼센트에서 50퍼센트까지 확대한다'라는 세부 목표를 세웠다고 해보자. 그렇다면 '우리는 고객과의 관계 정의' 측면에서 '고객이 원하는 우리 회사의 솔루션이나 서비스가 업계 표준이 된다'와 같은 원대한 목표를 정할 수 있다.

'단기 목적(O)'은 현실적이며 측정 가능하도록 정하라

고객과 우리가 '무엇을 성취해야 할 것인가?'에 대한 '궁극적 목표^G'를 이루기 위한 답이다. 고객의 요구사항을 충족시키기 위한 구체적인 상품 또는 서비스, 측정 가능한 주문금액(우리 입장에서 제안할 수 있는 상품과 가시적 매출) 등이 여기에 해당한다. 그 외에 고객 입장에서 '프로젝트를 정해진 기간 안에 마치면 어떤 대가가 있는가?' 등과 같은 결정적 의사결정의 판단기준에 대한 우리의 답이라 할 수 있다.

반드시 명확하고, 측정 가능하며, 성취 가능하고, 현실적이며, 시간 제한적이어야 하는 S.M.A.R.T. 원칙으로 작성해야 한다.

고객과 우리가 '어떻게 목적을 달성할 것인가?'에 대한 답이다. 일반적인 접근 방식에 대한 설명이자 목적을 달성해가는 구체적인 여정을 짜는 것이다.

앞의 그림 'G.O.S. 프레임워크 템플릿(251페이지 그림 참조)'으로 결정적 대면 순간 대응, 즉 스토리텔링 전략을 수립하면 아래와 같다.

'고객'에게 ① '고객의 목적 달성을 위해 우리가 제안하는 전략'은 ② '우리가 제공하는 것'을 ③ '고객이 이루고자 하는 목적'에 부합시키고 ④ 고객이 '궁극적인 목표'를 달성할 수 있도록 지원할 것이다. 이는 역순으로도 가능하다. '고객'은 ④ 고객의 '궁극적인 목표'를 달성하기 위해 ③ '고객이 이루고자 하는 목적'에 부합시키고, 이를 위해 우리는 ② '우리가 제공하고자 하는 것'에 맞는 ① '고객의 목적 달성을 위해 우리가 제안하는 전략'을 보여줄 것이다.

A라는 고객사가 있다고 가정해보자. 이 회사는 글로벌 시장의 동종업계에서 고객 서비스 분야 선두를 유지한다는 목표를 갖고 있다. B사는 이 목표를 달성하기 위해 콜센터에 AI를 도입해 혁신적인 서비스를 제공하고자 한다. 우리 회사가 이 회사에 글로벌 AICC^AI Contact Center를 제공하는 공급사라면 G.O.S. 프레임워크에 따라 다음과 같이 작성할 수 있다. 이런 가정하에 상호 원윈의 선을 연결해 스토리텔링 전략을 수립해보자.

G.O.S. 프레임워크는 어떻게 활용할까?

G.O.S. 프레임워크 템플릿 예시

	고객	우리 회사 영업
궁극적 목표 (Goal)	글로벌 고객의 고객 서비스 분야의 동종업계 선두가 된다. ④	AI Contact Center 서비스를 통하여 고객사의 대고객 서비스를 획기적으로 향상할 수 있는 솔루션 사업자가 된다.
단기 목적 (Objective)	③ • AI서비스인 음성인식서비스를 도입하여 고객 문제 해결 시간을 평균 3분 이내로 한다. • Call Center 중도 이탈율을 1.5%까지 낮춤 • 신기술에 50억을 투자해 18개월 이내 ROI 달성	• 글로벌 서비스를 위한 5개국어 지원 AI엔진을 3개월 이내 제공 (10억) ② 고객의 Call Center 이탈율을 최소화하기 위해 음성인식 실패 시 마지막 결과를 Agent 화면에 보여주고 연결하는 서비스를 3개월 내 개발한다. (10억) • 안정적인 인프라 운영을 위해 글로벌 3개 거점에서 클라우드 서비스를 운영한다. (10억) • 2년간 무상 유지보수 서비스를 제공한다. (5억)
전략 (Strategy)	2024년 8월까지 새로운 Call Center서비스를 세계 10개국에 개시한다.	① 고객의 구매기준을 가격/글로벌 거점/운영 능력으로 전환한다.

우선 우리의 전략 ①에서 시작해 스토리텔링 전략을 짜보자.

우리는 A사의 ① '경쟁력 있는 가격과 글로벌 거점 그리고 운영능력 확보' 전략을 위해 ② '5개국어 지원 AI엔진 장착하기, 고객에게 커스터마이즈된 알고리즘 개발로 이탈률 최소화하기, 전 세계 3대 거점의 클라우드 인프라 운영하기, 2년간 무상 유지보수 서비스를 예산보다 30퍼센트 낮은 가격으로 6개월 이내에 공급하기'라는 솔루션을 구체적으로 제공한다. 또한 ③ '고객의 문제를 해결하는 시간을 3분 이내로 줄이고, 중도 이탈률은 1.5퍼센트로 줄이며, ROI에 대한 검증이 가능하게 한다'라는 목적을 달성해서 ④ '고객사의 글로벌 고객 서비스 수준을 동종업계 선두 수준으로 도약시킨다'라는 목표를 지원할 것이다.

반대로 고객 입장이라면 ④에서 시작해볼 수도 있다. 고객은 ④ '글로벌 고객 서비스 수준을 동종업계 선두 수준으로 도약시키기'라는 목표를 이루기 위해 ③ '고객의 문제 해결 시간을 3분 이내로 줄이고, 중도 이탈률을 1.5퍼센트로 낮추며, ROI에 대한 검증이 가능하게 한다'라는 목적을 달성해야 한다. 이를 위해 우리는 ② '5개국어 지원 AI엔진 장착하기, 이탈률 최소화를 위해 고객에게 커스터마이즈된 알고리즘 개발하기, 전 세계 3개 거점의 클라우드 인프라 운영하기, 2년간 무상유지보수 서비스를 예산보다 30퍼센트 낮은 가격으로 6개월 이내에 제공하기'라는 목적을 달성해 ① '경쟁력 있는 가격과 글로벌 거점 그리고 운영능력'을 보여줄 것이다.

본격적인 영업활동에 앞서 이렇게 G.O.S. 프레임워크를 활용해 스토리텔링 전략을 수립해보자. 그렇게 한다면 영업 담당자는 고객에게 보다 자신 있고 일관된 모습으로 다가가서 효과적으로 우리의 가치를 전달할 수 있다.

제6장

영업 성공을 위한
행동전략 수립하기
_B2B 영업 프레임 5단계

B2B SALES STRATEGY

최적의 영업활동을 위한
P.R.I.M.E. 행동전략 짜는 법

"오늘 고객 미팅 결과는 어땠나?"

"아, 네… 관계 개선 차원에서는 성과가 있었습니다."

영업 담당자에게 고객사 미팅 결과에 대해 물으면 대부분 명확히 대답하지 못한 채 좋은 관계를 형성했다는 말만 한다. 하지만 영업활동의 주안점은 핵심관계자들을 만나 고유한 사업가치를 개발하고 효과적으로 전달하는 것이다. 이를 위해서는 영업활동의 구체적인 목적에 대한 정의가 명확해야 한다. P.R.I.M.E. 방법론이 바로 최적의 영업활동을 위한 솔루션이 될 수 있다.

P.R.I.M.E. 전략이란 무엇인가

/

성공적인 B2B 영업을 위해서는 활동의 방향을 잡아줄 구체적인 목표가 있어야 한다. 그것이 바로 P.R.I.M.E. 전략이며, 구체적인 내용은 아래와 같이 정의할 수 있다.

- 고유한 사업가치의 전달 및 증명하기 Prove our value
- 중요한 정보 탐색하기 Retrieve critical information
- 경쟁으로부터 보호하기 Insulate against competition
- 우리의 약점 최소화하기 Minimize our weaknesses
- 우리의 강점 강조하기 Emphasize our strengths

* 출처 : Target Account Selling TM V8.0, The TAS Group, 2006

지금부터는 각각의 전략에 대해 구체적으로 살펴보자.

고유한 사업가치의 전달 및 증명하기(P)

우리가 수립한 고유한 사업가치가 고객사의 결정적 의사결정 이벤트를 어떻게 해결하고 개선시킬 수 있는지 보여주는 활동이다. 이때는 과거의 사례를 기반으로 체계적인 대안을 제시

최강 조직을 위한 B2B 영업 특강

해서 우리의 능력을 증명해 보여야 한다. 그런데 의외로 이 활동 중에는 고유한 사업가치와는 관련성이 낮지만, 관계 강화를 위해 핵심관계자의 사업적 혹은 개인적 문제를 해결하는 활동이 포함될 수 있다. 그러나 본연의 목적은 사업가치를 전달하고 증명하는 것임을 잊지 말자.

중요한 정보 탐색하기(R)

영업기회의 수주 확률을 높이기 위한 정보 탐색은 필수다. 우선 영업기회의 올바른 판단을 위해 체크해야 할 항목의 정보를 지속적으로 업데이트해야 한다. 이렇게 정보가 수시로 업데이트되어야 즉각적인 영업활동 전략을 수립하고 시행할 수 있다. 특히 고객사 내부조직 혹은 구매의사결정의 기준이 변경되거나, 경쟁 환경이 변화하는 것과 같은 민감한 정보는 그때그때 파악해야 바로 대비할 수 있다. 중요한 정보를 빠르게 파악하기 위해서는 평소에 고객사 내부의 지지자 혹은 멘토들과 긴밀한 네트워크를 유지해야 한다.

정보를 탐색하기 위해서는 해당 영업구성원 담당자와 동료들뿐 아니라 사내 네트워크 및 영업팀 전체를 활용하는 것이 효과적이다. 필요한 경우에는 비즈니스 파트너와 컨설턴트까지 참여시키면 효과를 극대화할 수 있다.

경쟁으로부터 보호하기(1)

영업활동을 하다 보면 경쟁으로 인한 돌발 상황이 발생하게 마련이다. 이 경우 일이 생긴 후 수습하려고 하면 이미 늦었다고 볼 수 있다. 그러므로 이런 상황이 발생하지 않도록 사전에 무력화하는 것이 가장 최선이다.

가령 "우리가 제시하는 가치와 성과가 핵심관계자의 진급에 기여하는 바가 있다."라는 메시지를 강조하면서 우리의 솔루션이나 서비스를 핵심관계자의 개인적 이슈와 연관시키는 영업활동도 가능하다. 이를 통해 우리에 대한 핵심관계자의 절대적인 지지를 유지하거나 강화할 수 있다. 서비스 레벨을 상향시켜서 제안하거나, 고객 스스로가 다소 무리하다고 느끼는 요구를 해결하는 영업활동을 통해 우리에 대한 믿음을 증폭시켜 궁극적으로는 경쟁사의 진입 시도 자체를 약화시키는 활동에 포함될 수 있다.

또한 핵심관계자의 영향력을 활용해 고객사 조직 내부로 우리의 지원을 확대하고 다른 조직으로까지 영향력을 확대해 나가는, 전략 실행을 위한 모든 활동이 여기에 속한다. 다만 이 활동을 하기 전에는 고객사의 지지자 또는 멘토와 함께 계획을 검증하는 과정을 권장한다.

우리의 약점 최소화하기(M)

이 세상에 완벽한 것은 없다. 우리가 준비한 가치 제안과 솔루션도 마찬가지다. 경쟁우위를 점하기 위해서는 우리의 약점을 완벽하게 파악하고 대비하는 것이 매우 중요하며, 스스로 강점이라고 생각하는 것에 대해서도 냉철한 재고가 필요하다. 실제 영업 현장에서도 강점이 약점이 되는 경우가 허다하다. 시장 또는 고객사로부터 이미 검증된 회사의 역량은 주로 강점으로 인지되지만, 이는 이미 노출된 정보이기에 누구든 접근이 가능하다는 맹점이 있다. 이런 이유로 오히려 경쟁사에 허를 찔릴 수도 있기 때문에 약점이 되기도 한다.

그러므로 고객의 의사결정 기준 관점에서 우리 회사와 영업 그리고 제안하는 상품 또는 서비스의 강약점을 동시에 고려하고, 해당 요소가 각각 어떻게 우리의 영업활동에 긍정 혹은 부정적 영향을 미칠지 구체적으로 파악하고 대비하는 일련의 활동들이 여기에 속한다. 이런 경우에 사업파트너와 제휴사를 적극적으로 활용하고, 특히 고객사 내 멘토 및 지지자와 함께

우리의 강약점을 재확인해서 그에 따른 이해도를 넓혀 나가야
한다.

우리의 강점 강조하기(E)

특정 상황에서 약점이 되는 강점이 있듯이, 강점도 제대로
활용해야 진정한 경쟁력이 될 수 있다. 우선 우리의 강점이 고
객사 내부 또는 경쟁사를 포함한 관련 기업들과 비교해봤을 때
현 상황에서 유의미한 것인지 파악해야 한다.

그 결과 승부수가 될 강점이라고 판단된다면 모든 핵심관계
자에게 우리의 강점을 각인시키는 활동을 지속적으로 진행해
야 한다. 무엇보다 강점을 강화하는 전략을 구사할 때도 고객사
의 의사결정 기준에 영향을 미치는 멘토 및 지지자와 함께 강
점을 그 외 핵심관계자들에게 지속적으로 검증해야 한다. 이 점
을 잊어서는 안 된다.

구체적인 영업활동 액션 도출을 위한 방안 및 가이드

/

지금부터는 P.R.I.M.E. 전략에 기반해서 보다 더 효과적인

영업활동 방안을 도출하고, 이를 행동으로 옮기는 방법에 대해 알아보자. B2B 영업은 철저하게 팀워크에 기반한 팀플레이로 움직여야 한다. 하지만 실제 현업에서는 영업 담당자의 개인기에 의존하거나, 내부자원이 충분치 못하여 완벽한 팀플레이가 이루어지지 않는 경우가 종종 있다. 그러므로 이 부분은 각 기업의 상황과 영업팀의 현실에 맞게 적용하는 게 좋다. 다만 각 단계별 목적은 반드시 고려해야 한다.

행동전략 수립 및 실행 단계

첫 번째는 '브레인스토밍' 단계다. 이 단계에서는 영업 담당자를 포함해 프리세일즈 단계에 참여하는 모든 지원부서의 구성원이 협업해야 한다. 영업기회의 가능성을 타진하면서 핵심 관계자와 수립한 전략에서 놓친 것을 찾아내고, 실현 가능한 영업활동을 구체적으로 도출하는 단계다.

두 번째는 '아이디어 통합' 단계다. P.R.I.M.E. 전략 관점에서 각각의 항목을 그룹화하고, 중복된 내용을 제거하는 과정을 거친 후 영업활동의 목적을 명확히 정의해야 한다.

세 번째는 '영업활동 검증' 단계다. 우리의 고유한 사업가치를 고객사에 제안하는 영업활동이 얼마나 효율적인 전략에 기반해서 이루어지고 있는지 확인하고 활동 순서도 결정해야 한다. 이때 실전 영업에 필요한 각종 자원도 결정한다.

네 번째는 '책임 부여' 단계다. 누가 언제까지 어떤 활동을 수행할 것인가를 결정한다. 여기서는 회사 내부뿐만 아니라 사업 파트너와 제휴사를 활용하는 방안, 그리고 고객사 내 멘토 및 지지자를 통한 활동 검증과 소통 계획도 함께 고려해야 한다. 각 담당별 책임 부여까지 완료된 후에는 세 번째 단계에서 도출된 내용까지 포함해서 공식화하는 작업에 들어간다. 내부 회의록으로 남기거나, 의사결정자 이상의 경영층에 활동계획 보고를 해서 공식화하는 것이다.

다섯 번째는 '행동 실행 및 피드백 공유' 단계다. 목적 달성에 있어서 미진한 부분의 완성도를 높이고 추가로 확인된 상황 변화에 대한 새로운 영업활동을 도출하되, 앞서 언급한 단계를 반복해서 행동전략을 수립해야 한다.

위의 5가지 영업활동 단계에 기반한 케이스별 행동전략을 구체적으로 세울 수 있는 가이드 템플릿과 예시는 다음과 같다.

행동전략 수립 가이드 템플릿 예시

활동구분	P	R	I	M	E
			○		○

구성요소	내역
• 무엇을 달성해야 하는가?	재무 담당자를 만나 우리 솔루션이 당면한 재무 이슈 해결 방법을 설명하고 곧 있을 고위 경영진과의 프레젠테이션 전에 그의 지지를 얻는다.
• 언제 실행할 것인가?	2024년 5월 16일 오전 8시
• 누가 이 활동을 이행하는가?	영업 담당자 ○○○ 차장과 재무분석팀 ○○○ 과장
• 어떠한 자원이 필요할 것인가? (시간, 인원, 자금 또는 물건)	• 솔루션 비용 Benefit 분석자료 • 출장비 500,000원

위 템플릿에서 구성요소는 '아이디어 통합', '영업활동 검증' '책임 부여' 단계와 연관이 있다. 달성해야 할 목표, 실행 시기, 실행의 주체, 필요한 자원 배분 등 구체적인 내용이 포함되어야 한다.

내역 부분에 실제 당면한 과제를 적용하면 된다. 이때 내용은 구체적으로 정해야 한다. 가령 "담당자에게 우리의 솔루션이 고객사가 당면한 재무 이슈를 어떻게 해결해줄 수 있는지 명확하게 전달한다. 또한 향후 예정된 고위 경영진과의 프레젠테이션 전에 그의 지지를 받아 영향력을 확대한다."라고 정리할 수 있다.

그다음은 미팅 예정 시간을 정하고 해당 활동을 이행하는 담당자를 선정해야 한다. 영업자와 함께 고객사의 재무 담당자와 동일한 업무를 수행하는 우리 회사 재무분석팀의 전문가를 활용할 계획을 세운다. 이는 고객과의 눈높이를 맞추고 맞춤형 분석자료를 제공해서 고객의 지지를 얻어내는 행동전략이라 할 수 있다.

이 예시는 재무 업무 관점에서 우리 회사의 솔루션이 지닌 강점(E)을 강조하고, 재무 관계자의 지지까지 획득해서 궁극적으로 경쟁사의 접근을 차단(I)시키는 활동이 동시에 가능함을 보여준다. 이처럼 전략만 잘 짜면 한 가지 영업활동만으로도 2가지 이상의 활동 효과를 거둘 수 있다.

영업활동의 밸런스를 유지해야 하는 이유

/

하나의 영업기회에도 여러 가지 영업활동이 수반된다. 이러한 영업활동들은 P.R.I.M.E. 관점에서 한 가지를 할 수도 있고,

여러 가지를 중복해서 할 수도 있다. 단, 이때 밸런스를 유지하는 것이 중요하다.

그 이유는 브레인스토밍을 거치고, 고객의 다양한 상황에 맞게 도출된 영업활동이라 할지라도 한쪽으로 편중되거나, 하나의 활동이 다른 활동에 비해 작은 비중을 차지한다면 그 활동이 영업전략 특정 분야에서 누수를 일으킬 수 있기 때문이다. 이는 고객사가 구매의사결정을 할 때 우리에게 약점으로 작용할 가능성이 크다. 그러므로 영업 담당자는 영업활동 중에 5가지 항목이 골고루 행해지면서 밸런스를 유지하고 있는지 수시로 점검해야 한다. 그래야만 영업활동이 특정 활동에 치우치지 않을 수 있고, 부족한 활동이 발견되면 바로 보강할 수 있다.

고객과의 단순한 만남도 커버리지 관점에서 전혀 의미가 없는 것은 아니지만 우리 영업의 효과를 극대화하기 위해 이처럼 영업활동을 시작하기 전에는 반드시 구체적인 행동전략을 수립해야 한다. 그리고 반드시 결과를 점검하고 보강해야 한다. 그래야만 경쟁사의 갑작스러운 공격이나 고객사의 내부요인으로 인한 상황 변화에 신속하게 대응할 수 있다.

제7장

최고의 영업팀을 이끄는
리더의 전략

B 2 B   S A L E S   S T R A T E G Y

리더가 생각하는
영업의 본질이란 무엇인가

앞서 제6장까지 논의한 내용은 실제 영업 현장에서 치열하게 고민하고 실행하는 영업 담당자를 위한 전략 수립 및 행동에 대한 제언이었다. 지금부터는 영업팀을 진두지휘하는 리더 입장에서 B2B 영업전략을 고민해 볼 차례다. 경영자와 직책자들이 재무 목표를 달성하면서 효율적으로 영업팀을 이끌기 위해서는 어떤 노력을 기울여야 하는지 구체적으로 살펴보자.

B2B 영업의 프레임, 단점은 있지만 중요한 이유

/

나는 B2B 영업 업무를 하면서 수많은 교육을 받았으며 다양한 관련 서적을 접해왔다. 이 책에서 설명한 프레임도 내가 2005년부터 2008년까지 BT에서 근무할 당시 받은 'Target Account Selling'이라는 교육에서 체득한 내용을 지속적으로 영업 현장에 적용하면서 수정보완한 결과물이다.

그런데 나의 경험상 대부분의 B2B 교육과 서적은 해당 내용만 숙지하면 금방이라도 영업의 생산성 향상이 보장될 것처럼 과장한 측면이 있다. 그 결과 성장 지향적인 경영자들 중 일부는 조직이 안정화되기도 전에 성과를 다그치는 조급함으로 인해 결국 시너지를 내지 못하고 사라지곤 했다. 이처럼 단기적인 실적에 급급해하거나, 영업활동에 있어 '가격'과 '관계'를 중시하는 리더들은 지속적인 성과를 내지 못하고 도태되었다. 급변하는 경영환경과 기술 트렌드를 간파하지 못한 채 전통적인 영업 방법론에만 의존했기 때문이다.

반면 2000년 초반부터 영업에 특정 프레임을 도입한 외국기업들, 특히 ICT 기업들은 '가치'에 집중하면서 여전히 건재한 모습을 보여주고 있다. IT 버블을 거치면서 캐나다 통신장비업체인 노텔과 위성장비까지 만들던 프랑스의 장비 제조사 알카텔 그리고 미국의 다국적 통신회사인 루슨트테크놀로지 등은 사라졌다. 하지만 시스코를 필두로 하는 글로벌 업체는 여전히 건재하다.

2000년대 초반 내가 종사한 ICT 산업 분야에서도 글로벌 네트워크 장비 회사에 필적할 만한 기술 기반의 국내 회사들이 다수 존재했고, 국내 통신사의 광통신 및 이동통신망 등에 막대한 투자로 많은 수혜를 보았다. 하지만 현재 이들 대부분은 역사의 뒤안길로 사라졌다.

내가 생각하는 도태의 또 다른 이유는 영업활동의 데이터 활용 여부다. BT에서 일할 당시 영업 담당자들은 엄청난 양의 문서를 작성해야만 했다. 그런데 어느 누구도 그 일에 대해 이의제기를 하지 않고 당연히 해야 하는 일로 여기고 있어서 적잖이 놀랐었다. 해당 문서는 대부분 고객사의 비즈니스 또는 그에 따른 영업기회 분석에 대한 내용이었다. 이렇게 방대한 양의 영업 데이터는 해당 조직의 역량을 키우는 밑거름이 되었다. 이 자료들은 데이터 시대인 오늘날 재조명할 필요가 있다. 이는 고객에 대한 기본적인 이해를 바탕으로 영업기회를 분석한 뒤, 핵심관계자를 파악하고 전략을 수립해 실행하는 지극히 상식적인 B2B 영업 프레임에 해당한다.

그런데 이러한 기본기가 영업자들의 생각과 행동 속에만 자리한 채 체계적인 조직 역량으로 축적되지 않으면 조직은 결정적인 순간 실수를 반복해서 소중한 영업기회를 놓치고 만다. 영업조직을 이끄는 리더라면 당장의 실적에 급급하거나 관계에 중점을 두는 영업활동은 최소화하고, 직원들이 B2B 영업 프레임을 체화하고 조직의 역량으로 만드는 데 주력해야 할 것이다.

이러한 방법론을 활용할 때는 조직 구성원들이 이를 체득하는 데 시간이 많이 걸린다는 것을 감안할 필요가 있다. 그래서 경영자나 담당 임원은 자사의 영업조직에 특정 방법론을 도입해도 모든 영업기회를 성공으로 이끌 수는 없다는 점을 고려해서 늘 긍정적인 태도를 유지해야 한다. 또한 영업생산성 향상과 매출증대 등의 가시적인 성과가 나타날 때까지 구성원들을 강력하게 지지하는 것이 중요하다.

이런 과정을 반복하면 구성원들의 영업 역량뿐만 아니라 영업의 구체적인 결과도 향상될 수밖에 없다. 첫째, 고객사에 제공하고자 하는 솔루션 또는 서비스의 만족도와 수익성이 향상될 수 있다. 둘째, 양질의 영업기회에 자원을 집중함으로써 낮은 품질의 영업기회에 시간을 낭비하지 않고 가치 있는 영업기회에 집중할 수 있다. 셋째, 이러한 반복적인 활동들로 산업 내에서 신뢰도와 브랜드 인지도를 높일 수 있다.

무엇보다도 영업활동 중에 축적한 '21세기의 석유'라 불리는 데이터는 인공지능을 중심으로 한 기술 발전에 힘입어 상상조차 할 수 없는 놀라운 시너지를 낼 것이며, 사업을 비약적으로 발전시키는 초석이 되어줄 것이다.

누구에게 무엇을 팔아야 하는가?

/

"영업조직을 어떻게 꾸리고 이끌어 나가야 할까?" 이 질문에 대한 해답을 찾기 위해서는 가장 먼저 우리가 팔고자 하는 상품 혹은 서비스를 어떤 고객에게 팔아야 하는지부터 정의해야 한다. 다음 페이지의 그림은 상품(서비스)과 구매의 복잡성 관점에서 영업과 고객의 니즈를 정의한 것이다. 현재 우리의 영업팀과 고객 상황은 그림의 사분면 중 어디에 해당하는지 파악해보자. 이는 리더로서 꿈꾸는 영업팀의 이상적인 모습을 찾아가는 첫걸음이다.

상품과 구매의 복잡성에 따른 구분

	설명을 요구하는 유형	통찰이나 아이디어를 원하는 유형
High	Ⅱ	Ⅳ
	서비스를 요구하는 유형	구매 과정을 관리해주길 원하는 유형
Low	Ⅰ	Ⅲ
	Low	High

상품 또는 서비스 복잡성

고객사 구매 프로세스의 복잡성

*출처 : Death of A B2B Salesman : Two Years Later, March 2017, Andy Hoar

Ⅰ. 상품과 서비스 그리고 구매가 모두 단순한 경우

이 경우 구매자는 '영업자에게 서비스를 요구하는 유형Serve Me'이고, 판매자는 '단순히 견적을 작성하는 유형Order Taker'이다. 예를 들어 사무용품과 소모품처럼 정형화된 상품을 파는 것과 같은 간단한 판매 환경이며, 사람 간의 상호작용이 필요할 수도 있고 필요하지 않을 수도 있다.

최강 조직을 위한 B2B 영업 특강

II. 상품과 서비스는 복잡하지만, 구매 과정은 단순한 경우

이 경우 구매자는 '예산은 있지만 상품이 복잡해서 영업자에게 설명을 요구하는 유형Show Me'이고, 판매자는 '복잡한 상품을 설명하는 유형Explainer'이다. 예를 들어 IT 장비 중 서버 또는 특정 제조공정에 들어가는 원재료 같은 완제품은 구체적으로 어떤 기능을 갖추고 있는지 등 해당 상품을 이해시키기 위해 정보를 제공하는 '설명하는 사람'이 필요하다. 이 사분면은 구매자의 이해도 증가에 따라 'Serve Me' 유형으로 전환될 수도 있다.

III. 상품과 서비스는 간단하지만, 구매 과정은 복잡한 경우

이 경우는 생산부품, 물류서비스, 전문서비스와 같이 현업의 다양한 이해관계자들의 의견이 반영되어야 한다. 구매자는 '영업자에게 복잡한 구매 과정을 관리해주길 원하는 유형Guide Me'이고, 판매자는 '복잡한 구매 과정을 관리하는 유형Navigator'으로 정의한다.

IV. 상품, 서비스, 구매 모두 복잡한 경우

가장 주목해야 할 사분면 중 하나다. 핵심부품, 하이테크 관련 제품 및 서비스 그리고 각종 아웃소싱 서비스 등이 이에 해당한다. 이 경우 구매자는 '영업자의 통찰이나 아이디어를 원하는 유형Enlighten Me'이고, 판매자는 '컨설던트Consultant 유형'으로 정의된다. 이때 판매자는 상품 및 서비스의 복잡한 구매 과정을 설명해야 하므로, 제품과 구매 프로세스에 관한 전문가가 되어야 한다.

다가올 세상은 정보가 더욱 넘쳐나는 것은 물론 인공지능이 우리 삶 전반에 활용될 전망이다. 이런 이유로 고객은 이미 공급자에 대한 사전정보를 비롯해 많은 정보를 갖고 있을 것이다. 이러한 고객을 사로잡기 위해서는 영업자들도 고객이 모르는 것을 알려줘야 하며 활용법과 효과 등 자세한 정보를 제공해야 한다. 결국 이것이 가능한 컨설턴트 유형만 살아남을 가능성이 크다. 고객들은 전문가에게서 자신이 필요로 하는 정보만을 제공받아 선택의 폭을 좁힌 뒤, 최상의 구매 결정을 하길 원하기 때문이다. 그러므로 B2B 영업자들도 자신의 분야에서 전문적인 지식을 겸비함은 물론 고객의 리스크까지 관리해주는 컨설턴트형 영업자로 거듭나야 한다.

B2B 영업과 B2B 마케팅, 적재적소에 적용하는 법

"2020년까지 100만 명의 영업사원이 사라진다."

2015년 세계적인 리서치 기관인 '포레스터'가 발표한 'B2B 영업사원의 죽음Death of a B2B Salesman'이라는 보고서의 주요 내용이다. 이 보고서의 내용에 따르면, 2020년까지 미국 내 100만 명의 B2B 영업자가 e-커머스와 디지털 서비스 등 상호작용을 선호하는 B2B 구매자에 의해 사라질 것이라 한다. 이러한 전망은 현실로 다가왔다.

최근 구매대행 서비스인 MRO의 범위가 예전의 단순 사무용품에서 전문지식이 요구되는 IT 관련 제품으로 확대된 것은

사실이다. 예를 들어 MS Office 365를 기업용으로 구입하고
자 할 때 이제는 어느 누구도 제품에 대해 설명해주지 않는다.
기업용 소프트웨어인 SaaS^{Software as a Services}도 마찬가지다. 이
처럼 앞으로의 영업은 직접 고객을 만나 제품을 소개하는 전통
적인 방식이 아닌 전혀 다른 형태로 이루어질 가능성이 크다.

어떤 유형의 영업자들이 살아남을 것인가?

각 사분면별 예측되는 B2B 영업인력의 증감

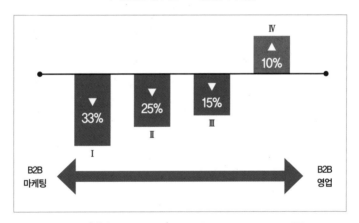

* 출처 : Death of A B2B Salesman: Two Years Later, March 2017, Andy Hoar

최강 조직을 위한 B2B 영업 특강

앞 페이지의 그림은 포레스터 리서치에서 예측한 'B2B 영업자의 유형별 예상 증감률'을 보여주고 있다. 이 중 우측 상단에 위치한 IV 영업자 유형은 고객들의 다양한 니즈에 따라 점점 더 증가세를 보일 것으로 예측된다. 또한 좌측에서 우측으로 이동할수록 고객과의 접촉이 증가하므로 그만큼 영업구성원의 역량이 중요해지는 것을 알 수 있다.

예를 들어 'I'의 경우 사무용품과 SaaS와 같은 제품을 판매하는 영업 형태로, 영업인력이 디지털 서비스로 대치될 수 있고 영업조직은 총판이나 대리점 체계로 운영할 수 있다. 반면 III, IV는 대면영업과 전문가적인 스킬을 가진 영업인력이 필수적이다. 심지어 IV의 영업인력은 향후 증가할 것으로 예측된다. 즉 그림에서 우측으로 이동할수록 B2B 영업의 중요성이 증가하는 반면 B2B 마케팅의 영역이 줄어듦을 나타낸다. 여기서 파악할 수 있는 중요한 점이 있다. 어느 유형이나 마케팅과 영업은 상호 보완적으로 존재해야 하며 단독으로 영업활동을 지원하지는 못한다는 점이다. 그러므로 성공적인 모든 영업 정책을 만들기 위해서는 우리가 어느 유형(278페이지 그림 참조)에 속해 있는지부터 제대로 파악한 후, 그에 따라 마케팅과 영업의 믹스 전략을 수립해야 한다.

이와 관련해 2010년대 후반부터 자리 잡기 시작한 '레브옵스RevOps, Revenue Operation'라는 개념에 주목할 필요가 있다. 이는 조직의 수익 창출 과정을 최적화하기 위해 영업, 마케팅, 고객 서비스 및 기타 관련 부서를 통합하고 조정하는 접근 방식이다.

전통적으로 각 부서는 독립적으로 운영되어 소통 부족과 데이터 사일로 문제가 발생했다. 그러나 최근 기술의 발전, 즉 SaaS와 디지털 트랜스포메이션의 확산으로 통합된 고객 경험과 운영의 필요성이 강조되었으며, 모든 관련 부서가 공동의 목표와 지표를 가지고 협력해 중앙 집중식 데이터 관리로 정확한 분석과 인사이트 도출이 가능하다. 또한 표준화된 프로세스로 효율성을 높이고, 고객 경험의 일관성을 유지하며, CRM, 마케팅 자동화, 데이터 분석 도구 등 다양한 기술을 활용해 전략을 지원할 수 있다. 이는 지금까지 설명한 'B2B 프레임워크'도 레브옵스 개념의 도구로 볼 수 있다. 이러한 것들이 디지털 도구와 통합될 때 조직의 역량 및 시너지 창출이 가능하다.

이러한 전략을 바탕으로 고객의 접점이 될 수 있는 영업, 마케팅, 고객 서비스 부서를 통합해서 운영하거나 전략적으로 하나의 울타리 안에 넣어 설계해야 한다. 이는 조직의 정렬alignment과 밀접한 관계가 있는데 LSA 글로벌 리서치 'Align

Culture and Strategy to Grow the Business'에 따르면 이를 잘 구축한 회사는 그렇지 않은 회사보다 성장률은 58퍼센트, 이익률은 72퍼센트가량 더 높다고 한다.

누구에게 무엇을 팔 것인지에 따른 영업 채널 전략 짜기

278페이지 그림의 4가지 유형 중 사분면에 우리가 팔고 있는 상품 혹은 서비스가 어디에 속해 있는지 파악되었다면 이제는 고객 관점에서 어떤 영업과 마케팅을 적절히 믹스한 영업

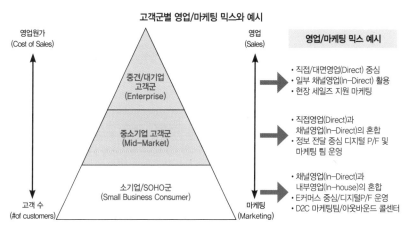

고객군별 영업/마케팅 믹스와 예시

영업원가
(Cost of Sales)

영업
(Sales)

영업/마케팅 믹스 예시

중견/대기업
고객군
(Enterprise)
- 직접/대면영업(Direct) 중심
- 일부 채널영업(In-Direct) 활용
- 현장 세일즈 지원 마케팅

중소기업 고객군
(Mid-Market)
- 직접영업(Direct)과
  채널영업(In-Direct)의 혼합
- 정보 전달 중심 디지털 P/F 및
  마케팅 팀 운영

소기업/SOHO군
(Small Business Consumer)
- 채널영업(In-Direct)과
  내부영업(In-house)의 혼합
- E커머스 중심/디지털P/F 운영
- D2C 마케팅팀/아웃바운드 콜센터

고객 수
(#of customers)

마케팅
(Marketing)

* 출처 : Segmenting Markets for Go-to-Market(youtube.com)

채널을 활용할지 고민해볼 차례다.

앞 페이지의 그림 '고객군별 영업/마케팅 믹스와 예시'에서 볼 수 있듯이 복잡하고 어려운 상품 또는 서비스를 요구하는 '중견·대기업군Enterprise'으로 올라갈수록 마케팅보다는 영업에 더 투자해야 한다. 해당 고객들은 이미 그 필요를 인지하고 있다. 그러므로 이들에게 우리의 상품과 서비스를 판매하기 위해서는 마케팅보다는 영업사원들과 대면 접촉을 시도하는 것이 바람직하다.

반면 직접영업에 따른 영업원가가 커지는 '소기업·SOHO군'으로 내려갈수록 고객 수는 증가하기 때문에 영업보다는 마케팅에 더 투자해야 한다. 고객과 직접 대면하지 않고 디지털 플랫폼과 다양한 SNS 소통채널 혹은 이메일, 전화, 화상통화 등을 통해 영업하는 게 효율적이다. 무엇보다 우리가 무엇을 누구에게 팔고 싶은가에 따라 영업과 마케팅을 적절히 믹스하면서 내부자원에 투자해야 한다.

변화하는 영업환경에 따른 구성원의 핵심역량 키우는 법

영업의 라이프사이클은 '시장 진입-과도기/성숙-실행' 총 3단계로 구분해볼 수 있다. 이 중 시장 진입 단계에서는 우리의 상품 또는 서비스가 어떤 이유로 시장에 팔린 것인지, 얼마나 많은 영업 담당자가 필요한지, 적정가격은 얼마인지에 대해 명확히 알 수 없다.

이 단계에서 필요한 영업구성원은 상품 또는 서비스에 대한 이해가 깊고, 1인 체제에 익숙한 사람이다. 이들은 마케팅부서의 지원 없이 외로운 늑대처럼 홀로 생존해 나가는 역량을 가지고 있다. 작은 규모의 조직에서 소규모 자원만으로 '허슬 플레이Hustle Play'를 통해 고객과 매출을 만들어가는 특성을 지녔다. 허슬은 스포츠에서 몸을 사리지 않는 투지 넘치는 플레이로 팀의 사기를 높여주는 것을 의미한다. 즉 영업활동에서도 허슬 플레이를 하는 구성원이 존재하면 영업기회를 성공적으로 수주하는 데 큰 도움을 받을 수 있다.

영업 단계별 구성원 보강 방안

우리의 상품 또는 서비스가 수익을 내기 시작하면 그때부터 영업활동은 '과도기/성숙' 단계에 진입한다. 일반적으로 매출이 영업조직 유지비용의 1배에서 3배 정도까지 올라오면 본격적인 영리 창출로 전환되는 시기다. 전환 단계에 진입했다고 판단되는 이 시기부터 비로소 영업관리자Sales Head 채용을 고려한다. 해당 영업관리자는 시장 진입 단계부터 우리의 상품 또는 서비스가 지닌 가치를 고객에게 적절히 소구하면서 판매해온 경험을 바탕으로 매출과 수익성을 관리하는 역할을 맡는다.

마지막으로 '실행' 단계는 매출이 영업조직의 유지비용 대비 3배 이상 나오기 시작하는 단계다. 이 단계에서 영업조직은 해당 조직뿐 아니라, 회사 전체의 유지비용SG&A 및 투자비용CAPEX

일부를 감당하기 위한 검토를 시작해야 한다. 영업구성원의 생산성에 대한 객관적인 측정이 가능해지는 시기로 영업목표나 수수료 등에 대해서도 고민하게 된다.

또한 레브옵스 관점에서 마케팅 조직에 대한 내실화가 필요한 시기다. 이때부터는 반복과 재현이 가능한 영업 모델이 있기 때문에 규모가 큰 기업이나 조직에서 영업을 해본 사람을 채용할 수 있다. 이 단계에서는 1인 또는 작은 규모의 조직 내에서 활약한 영업 담당자가 효율을 내기는 어려울 가능성이 크다. 이들은 자원이 부족한 상황과 1인 혹은 작은 규모의 팀으로 움직이는 것에 익숙하기 때문에 새로운 사업·지역·고객·세그먼트에 진출할 때 활용하는 것이 바람직하다.

영업 단계별 구성원의 핵심역량 분석

1990년대부터 기업에서는 직무분석을 대체하는 개념으로 역량모델링을 활용하기 시작했다. 이를 채용·교육·평가 등의 인적자원 관리 기반으로 활용한 후, 2000년대부터는 전 분야에 걸쳐 적극 활용하고 있다.

역량모델링이란 조직의 성과 창출에 직접적인 영향을 미치는 직무를 수행하는 데 필요한 핵심적인 능력·기술·지식·행동·사고방식 등을 체계적으로 분석한 것이다. 특히 가장 활발하게 역량모델 연구가 진행된 직무는 영업직이다. 영업직의 역량모델 연구 중 대표적인 것은 '스펜서&스펜서Spencer&Spencer'의 영업직 역량모델링 연구(1993년)'다. 아래 도표는 해당 연구에서 정의한 12가지 역량의 정의와 단계별 역량의 가중치를 자세하게 보여주고 있다.

전통적인 영업사원의 필요 역량

역량 명	역량 지표	단계별 가중치		
		진입	과도기/ 성숙	실행
영향력	• 신뢰를 구축한다. • 고객의 이슈와 관심에 주목한다. • 간접적인 영향력을 행사한다. • 자신의 말과 행동이 주는 효과를 예측한다.	중	중	상
성취 지향성	• 도전적이고 성취 가능한 목표를 세운다. • 시간을 효율적으로 사용한다. • 고객의 사업을 발전시킨다. • 잠재적인 이익 가능성에 초점을 둔다.	상	상	상
주도성	• 집요하다. • 쉽게 포기하지 않는다. • 기회를 포착한다. • 경쟁 위협에 대처한다.	상	중	중

역량 명	역량 지표	단계별 가중치		
		진입	과도기/성숙	실행
대인 이해	• 비언어적인 행동을 이해한다. • 타인의 태도와 그 의미를 이해한다. • 타인의 반응을 예측한다.	하	중	중
고객 지향성	• 고객의 요구를 충족시키기 위해 가외의 노력을 기울인다. • 고객의 숨은 욕구를 발견해서 충족시킨다. • 사후 관리를 한다. • 믿을 만한 조언자 역할을 한다.	중	중	상
자신감	• 자기 능력을 믿는다. • 도전을 받아들인다. • 낙관주의	상	중	중
관계 형성	• 일과 관련된 친분 관계를 유지한다. • 네트워크를 형성하고 활용한다.	상	중	
분석적 사고	• 장애를 예상하고 대비한다. • 다양한 설명 거리나 계획을 생각해둔다.	하	중	상
개념적 사고	• 나름의 규칙을 적용한다. • 현재와 과거의 유사점을 인식한다.	상	중	하
정보 수집	• 다양한 출처에서 정보를 획득한다.	상	상	상
조직 인식	• 고객 조직의 돌아가는 방식을 이해한다.	하	중	상
기술적 전문성	• 상품과 관련된 기술과 지식을 갖고 있다.	상	중	중

* 출처 : Spencer, L. & Spencer, S., 1993, Competency at work: Models for superior performance, New York: John Wiley and Sons, Inc.

영업팀의 리더는 앞서 나온 역량별 지표와 가중치(290~291 페이지 도표 '전통적인 영업사원의 필요 역량' 참조)를 바탕으로, 산업별 특성 혹은 상품이나 서비스의 특성을 고려해 현업에서 역량모델을 재설계할 수 있다. 그러나 최근에는 이러한 전통적인 영업 역량만으로 영업구성원을 평가하기란 쉽지 않다. 인터넷의 발달과 디지털 기기의 보편화, 소셜네트워크의 확산, 빅데이터와 클라우드 컴퓨팅 등 다양한 디지털 기술과 도구가 확산되면서 고객사도 업무 전반에 ICT 기술을 적용하고 있기 때문이다. 특히 전 세계가 전례 없는 코로나 팬데믹 상황을 거치는 동안 사회·문화적 변화를 겪으면서 온라인으로 연결되는 일상에 익숙해졌다.

이러한 기술의 발전과 사회적 변화에 따라 영업을 직접 수행하는 영업사원의 필요 역량도 달라졌다. 지금부터는 이에 관한 최신 연구 자료를 소개하고자 한다. 2023년 싱가폴 국립대학교의 새머 하자르Samer Elhajjara 교수 외 2명은 'B2B 영업직의 현재와 미래The present and future of the B2B sales profession'라는 연구논문을 발표했다. 그중 다음 도표는 싱가폴·미국·호주 등 5개국의 영업사원 510명에 대한 설문과 B2B 영업전문가 33명과의 핵심 인터뷰에 기반해서 B2B 영업자의 과거와 미래의 역량 변

전통적인 필요 역량의 변화

역량 영역	과거의 역량	현재의 역량
커뮤니케이션 능력	효과적인 구두 및 서면 커뮤니케이션	디지털 도구와 소셜 미디어를 통한 효과적인 커뮤니케이션
협상 능력	거래 성사 및 고객 기대치 관리	데이터 기반 협상 및 대안 시나리오 준비
제품 지식	제품 및 서비스에 대한 철저한 이해	데이터 분석을 통한 시장 및 고객 인사이트 이해
관계 관리	대면 상호작용을 통한 개인적 관계 구축 및 유지	CRM 소프트웨어와 디지털 채널을 통한 관계 관리
탄력성과 끈기	거절 처리 및 동기 유지	데이터 분석을 통한 예측 및 전략적 문제 해결
고객 중심 접근법	제품 중심의 판매	맞춤형 솔루션 및 개인화된 경험 제공

영업 직군에게 새롭게 요구되는 역량

역량 영역	필요 역량
디지털 리터러시	CRM, 소셜 미디어 및 기타 영업기술 사용
분석 능력	빅데이터 및 분석을 통한 시장 동향 및 고객 데이터 분석
콘텐츠 제작 및 소셜 셀링	소셜 미디어 플랫폼을 통한 콘텐츠 제작 및 소셜 셀링
적응력과 민첩성	빠른 도구, 기술 및 전략 학습 및 통합
영업 분석기	데이터 분석을 동한 영업전략 구동 및 의사결성 지원
영업 운영 관리자	영업팀 성과 최적화를 위한 모범 사례 표준화 및 자원 관리
디지털 발굴 전문가	디지털 마케팅. SEO* 및 리드 생성 전략을 활용한 잠재 고객 발굴

* SEO(Search Engine Optimization)

화를 정리한 것이다.

앞 페이지의 도표에서 볼 수 있듯이 B2B 영업 역량의 진화는 오늘날 역동적인 비즈니스 환경의 본질을 반영하고 있다. 물론 커뮤니케이션과 관계 관리 등의 전통적인 영업 역량은 여전히 중요하다. 하지만 오늘날의 영업은 디지털 혁신과 데이터 분석을 주도할 수 있는 새로운 역량을 요구한다. 이러한 변화를 수용하고 지속적으로 역량을 개발하는 영업전문가는 미래의 B2B 영업에서 괄목할 만한 성과를 낼 수 있을 것이다. 또한 디지털화된 세상에서 B2B 영업사원은 기술 통합과 데이터 기반의 의사결정을 포용해야 한다.

기업의 역량 개발 관점에서 지원 방식도 달라져야 한다. 이러한 현실에 적응하기 위해 기업들은 영업조직에 필요한 디지털 도구와 지식을 제공하는 교육 및 개발 프로그램에 적극적으로 투자해야 할 것이다.

영업구성원의 성장 마인드셋을 돕는
목표 설정법

"이번 분기 목표는 달성이 불가능한 수치 아닌가요?"

영업구성원들은 조직에서 도전적인 목표를 부여받으면 매번 달성이 힘들다며 고개를 젓는다. 실제로 대부분의 기업은 매년 영업부서에 전년 대비 높은 성장률과 영업목표를 부여한다. 물론 조직 차원에서 영업구성원들의 동기부여를 위해 많은 노력을 기울이고 있는 것은 사실이다. 하지만 정작 목표 달성의 주체인 영업 담당자들은 회의적이거나 소극적인 반응을 보인다. 그렇다면 리더로서 조직에 긍정적인 기운을 불어넣고 성과를 높이기 위해서는 어떤 노력을 기울여야 할까?

인텔의 창업자이자 전설적인 경영자인 앤디 그로브^{Andy} Grove는 성과의 핵심을 동기와 능력으로 규정했다. 이 중 능력은 개인의 노력 여하에 따라 개발이 가능한 영역이다. 반면 동기와 관련된 영역은 조직의 특성과 문화 그리고 개인적인 성향 등 다양한 요소가 개입되는 부분이기 때문에 동기부여의 방법은 단순히 금전적인 이익을 보장하는 것만으로는 한계가 있다. 동기부여를 위해서는 마인드를 제고해서 구성원 스스로 자발적 의지를 갖게 하는 것이 중요하다.

영업구성원을 위한 동기 관리법

스탠퍼드대학의 캐롤 드웩 교수는 자신의 저서 《마인드셋^{Mindset}》에서 사람들의 사고방식을 '성장 마인드셋'과 '고정 마인드셋'으로 나누었다. 성장 마인드셋은 자신의 노력 여하에 따라 지능도 달라질 수 있다는 이론이다. 이 관점에서는 영업구성원들이 영업활동에 전념하면서 동시에 자신들의 재능이 발전하고 있다는 것을 끊임없이 인식할 수 있도록 만들어주는 것이 중요하다.

반면 고정 마인드셋은 개인의 지능과 기술은 타고나는 것으로, 이미 고정되어 있다는 사고방식에 기반한다. 따라서 고정 마인드셋을 가진 사람은 도전과 실패를 두려워해서 실수할 가능성이 없는 일을 선호한다. 그러므로 리더로서 최고의 영업팀을 이끌고 싶다면, 조직 전반에 성장 마인드셋을 내재화하는 데 주력해야 한다.

다만 이는 전문교육을 통해서 해결하기엔 역부족이다. 구성원 개개인이 잠재된 능력을 일깨우고 업무 역량을 개선하기 위해 기꺼이 학습하고 도전할 수 있는 분위기를 조성하는 것이 중요하다. 이를 위해서는 2가지 노력이 우선적으로 필요하다.

일에 의미 부여하기

업무 동기를 높이는 방법 중 하나는 일에 의미를 부여하는 것이다. 이는 '신경언어프로그래밍Neuro-Linguistic Programming, NLP'의 핵심 모델인 뉴로로지컬 레벨Neurological level로도 설명할 수 있다. 보다 심도 깊은 논의를 위해 2022년 〈동아비즈니스리뷰〉에 실린 칼럼 '일하고 싶은 동기를 부여하거나 일할 수 있는 능력을 키워주거나'(이수민 저)를 일부 인용하고자 한다.

뉴로로지컬 레벨에 따르면, 영업구성원에게 변화가 일어나는 과정은 여섯 단계이며 상위 단계의 변화는 하위 단계에 영향을 미친다. 아래 그림은 일의 의미로부터 결과까지 영향력의 진행 방향을 보여주고 있다.

뉴로로지컬 레벨로 풀어본 영향력 진행 방향과 영업구성원 A의 사례

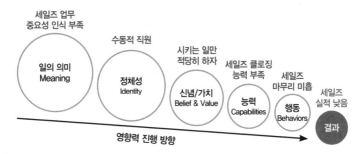

영업구성원 A의 사례를 보면, 그는 윗사람이 시키는 일만 적당히 하는 데다 영업의 중요성도 모르는 터라 실적이 유난히 낮다. 리더로서 어떻게 하면 A를 변화시킬 수 있을까? 해당 구성원의 영업실적이 낮은 직접적인 이유는 '영업 클로징 능력'의 부족이다. 그러면 이 부분만 집중적으로 개선하도록 지도하면 될까? 그렇지 않다. 뉴로로지컬 레벨에 따르면 상위 단계인 '일의 의미'와 '정체성' 그리고 '신념/가치'의 개선 없이 영업의 클로징 능력을 개선하는 것에만 집중해서는 긍정적인 방향의 개

선을 기대할 수 없다.

그러므로 영업조직과 리더는 구성원들에게 끊임없이 보상이 수반된 일의 의미를 부여하고, 정체성에 대한 제언을 하면서 신념과 가치를 제고하는 데 집중해야 한다. 그다음 단계가 바로 명확한 목표 부여다. 우리가 생각하는 목표는 단순히 영업목표와 관련된 숫자가 아니다. 영업활동 과정 전반에 걸쳐서 정량적이며 확인 가능한 목표를 단계별로, 그리고 지속적으로 부여해야 한다. 이런 점에 관심을 갖고 영업구성원에게 조언해주고 피드백을 해준다면 반드시 성공하는 영업조직과 구성원으로 변모할 것이다.

실패를 통해 성장하는 문화 조성하기

대부분의 영업자는 자신의 성공 스토리를 과대 포장하는 경향이 있다. 물론 이는 인간 본연의 특성으로, 심리학 용어인 '워비곤 호수 효과Lake Wobegon Effect'로도 설명할 수 있다. 워비곤 호수는 미국의 풍자 작가 개리슨 케일러Garrison Keillor의 라디오 드라마 〈프레이리 홈 컴패니언A Prairie Home Companion〉에 나오는 가상의 마을이다. 이 마을 사람들은 모두 스스로를 평균보다 더 잘생기고, 힘이 세고, 똑똑하다고 믿고 있다. 이들처럼 스스로를 과신하는 태도를 '워비곤 호수 효과'라고 한다.

이외에도 인간이 자신을 과대평가하는 태도에 관한 심리학 연구는 다양하다. 심리학자 토마스 길로비치Thomas Gilovich는 자신의 책《인간, 그 속기 쉬운 동물》에서 미국의 고등학교 3학년 학생 100만 명을 대상으로 한 설문조사 결과를 소개했다. 그 결과에 따르면, 자신의 리더십이 평균 이상이라고 생각하는 학생의 비율은 70퍼센트가 넘었고, 친화력이 평균 이상이라고 생각하는 경우는 무려 100퍼센트에 달했다.

'워비곤 호수 효과'와 위의 설문조사 결과는 인간의 본성을 적나라하게 보여준다. B2B 영업자들이라면 바로 이 점을 경계해야 한다. B2B 영업자들에게 프로젝트의 실패 원인을 분석하라고 하면, 대부분은 자신 또는 팀의 의사결정이 아닌 주변 환경을 탓한다. 누군가는 반드시 책임을 져야 한다는 강박관념과 자신은 평균 이상의 능력을 가졌다고 과신하는 데서 나오는 현상이다. 이렇게 자신의 잘못을 인정하지 않으면 개선점을 찾아 변화의 기회로 삼을 수 없다.

무엇보다 실패를 부정적인 관점으로만 바라봐서는 안 된다. 실패를 인정하고 영업의 전 과정을 사소한 것들까지 프레임 관점에서 분석하고 거기서 교훈을 얻어야 새로운 기회를 놓치지 않을 수 있다. 이와 관련해서는 사례 중심의 LBT^{Learning By} ^{Teaching}를 활용한 영업 역량 향상 방안을 추천하고자 한다. LBT 는 영업구성원이 현장에서 학습한 내용을 동료에게 가르치는 과정에서 스스로도 심화학습을 하고, 나아가 팀 전체의 역량을 향상시키는 효과적인 방법이다. 특히 성공보다는 실패 사례를 활용한 학습이기 때문에 더 큰 효과를 볼 수 있다.

가장 먼저 해야 할 일은 고객과의 계약이 성사되지 않은 이유나 잘못된 대응으로 고객을 잃은 원인을 분석하는 것이다. 두 번째 단계는 그 과정에서 문제점과 개선할 점을 도출한 후 팀 원들과 공유하고, 사례를 설명하면서 실패의 원인과 개선 방안 을 논의하는 것이다. 마지막 단계는 사례에서 배운 내용을 바탕 으로 앞으로 유사한 상황에 직면했을 때 어떻게 대응할 것인지 에 대한 실행 계획 수립이다.

이러한 사례 학습으로 시사점을 얻고 향후 전략까지 도출한 후에 롤플레잉 방법론과 이 책에서 소개하는 영업 프레임까지 결합해 케이스별로 연구한다면, 더욱 효과적이다. 여기서 가장 중요한 것은 실패 사례를 발표하는 구성원들을 비난하지 않고, 오로지 사례에서 개선점을 도출하는 데 집중해야 한다는 점이 다. 무엇보다 구성원 모두가 적극적으로 참여할 수 있는 조직문화를 위한 제도적 지원이 선행되어야 한다.

도전적 목표와 실현 불가능한 목표를 구분해야 하는 이유

/

영업조직의 영원한 딜레마는 목표를 둘러싼 회사와의 입장 차이다. 회사는 '도전적인 목표'라고 하지만 담당자들에게는 '불가능한 목표'로 다가오기 때문이다. 그 사이에는 항상 엄청난 괴리가 존재한다. 이러한 목표와 성과 간의 경험적 관계를 잘 설명해주는 이론 중 하나가 '여키스-도슨Yerkes-Dodson' 법칙이다.

인간의 경우 각성 수준에 따라 수행 능력이 향상되지만 어느 정도까지만 증가하며, 각성 수준이 너무 높아지면 오히려 성능이 저하된다는 것을 밝혀냈다. 이 법칙은 적절한 목표 수준 설정이 얼마나 중요한지 잘 보여준다.

영업조직에서도 마찬가지다. 구성원들에게는 적절한 수준의 목표가 제시되어야 한다. 수준이 너무 낮으면 무기력해지고, 너무 높으면 스트레스나 불안감을 느낄 수 있다. 그러므로 각 영업구성원의 성향과 과업의 난이도에 따라 적절한 수준을 찾아야 한다. 이때 주의해야 할 점은 개인의 편차는 반드시 보상에 대한 차별로 나타나야 한다는 점이다. 영업구성원들에게 보상이 수반된 적절한 목표 수준을 찾아주어야 조직이 성과를 예측할 수 있으며, 구성원들은 그에 따라 동기를 부여받을 수 있다.

기업이 영업목표를 세우는 가장 중요한 이유는 이를 달성한다는 전제하에 사업을 영속적으로 이어가기 위한 기업의 투자 규모가 결정되기 때문이다. 이러한 영업목표를 설정하는 방법은 경영목표에 기반한 탑다운 방식과 바텀업 방식이 있다. 탑다운 방식의 영업목표는 경영진과 영업 리더십에서 나오며 시장 규모, 상품 또는 서비스의 완성도, 목표 수치 등을 고려해 수립된다. 반면 바텀업 방식은 필드에 있는 영업 담당자들의 피드백을 바탕으로 경영진이 영업 예측 데이터를 수립하는 것이다.

영업 담당자들의 피드백에는 파이프라인 상태(현재 파이프라인에 어떤 고객사가 있고, 얼마나 큰 규모의 영업기회가 진행되고 있는가?), 신규 고객사, 영업 담당자들의 업무 수용력, 영업 생산성, 영업 담당자 채용 계획 등이 포함되어 있다.

만일 경영진이 설정한 목표가 '전년 대비 20퍼센트 성장'이라면, 영업 담당자들의 피드백을 통해 이 목표가 달성 가능한 수치인지 확인해야 한다. 피드백을 통해서 파이프라인에 고객사가 충분하지 않거나, 영업구성원의 수용력과 생산성 등이 부족하다는 걸 알게 됐다면 목표를 수정할 필요가 있다.

영업목표를 설정하는 방식은 초기에는 한 가지 방법 위주로 진행되지만, 최종 목표를 확정할 때는 다른 방법을 활용해서 재차 검증한 후 결정해야 한다. 그 이유는 도전적인 목표가 아니라 달성이 불가능한 목표가 설정되면 영업구성원들의 동기에 부정적인 영향을 미치기 때문이다. 달성 가능한 경영계획을 세우기보다 과도한 투자를 집행해서 궁극적으로는 기업 자체를 어렵게 만들 수 있기 때문에 각별히 유의해야 한다.

영업목표 달성을 위한
최적의 운영 원칙

회사에서 부여받은 목표가 영업조직의 수행 능력을 향상시킬 정도의 도전적 목표라면 이제는 본격적으로 운영 목표를 세울 차례다. 가장 먼저 리더는 매출목표를 영업조직의 팀과 개인 단위로 할당해야 한다. 영업목표를 분배할 때는 '경험법칙Rule of Thumb'을 적용할 필요가 있다. 이 원칙에 따르면, 팀과 개인에게 할당된 목표의 합은 전사 목표보다 10~20퍼센트 정도 많아야 한다. 일반적으로 20퍼센트 이상 높게 잡으면 달성이 불가능한 영업조직은 목표를 채워야 한다는 압박감을 갖게 된다.

개별 영업조직의 목표 합을 전사 목표보다 10~20퍼센트 높게 책정하는 이유는 영업목표가 전사 성장과 깊은 관련이 있기 때문이다. 기업은 경영계획을 수립할 때 예상되는 영업목표와 이에 따른 비용 계획을 집행한다. 이러한 비용은 기업이 성장하는 데 밑거름이 되는 요소다. 또한 기업의 투자는 경영계획을 달성한다는 전제하에 연중 집행이 이루어지기 때문에 고정비용은 계획대로 지출된다. 그런데 이익(현금)이 목표치에 미달하면, 일단 현금흐름에 문제가 생기고 지출된 비용은 직접적으로 이익에 영향을 미치므로, 기업의 가치는 하락한다.

영업목표 분배의 원칙

/

영업조직의 관리도 여느 조직과 마찬가지로 KPI 수치를 설정하는 것에서 시작한다. 영업의 KPI 중에서 가장 중요한 것은 매출과 영업이익이다. 영업 KPI를 관리하기 위해서는 반드시 예측을 의미하는 '포캐스팅Forecasting'을 해야 하는데, 이를 위해서는 예상 가능한 영업기회(현업에서는 잠재고객 또는 파이프라인 이라고도 한다)와 영업의 수주율을 기반으로 향후 매출을 정확하게 예측하고 그것을 근거로 조직을 관리해야 한다.

포캐스팅은 영업기회의 관리로 가능하다. 영업기회란 특정 타임프레임(회계관리의 단위 시간) 내에서 진행하고 있는 비즈니스 기회들을 의미한다. 그러므로 포캐스팅은 영업기회가 매출로 전환되는 시점까지의 소요 시간과 수주 확률을 고려해야 하며, 전체적인 물량 관리는 별도로 이루어진다. 또한 영업구성원들이 목표를 달성할 수 있도록 명확한 책임을 부여해야 한다. 이는 기업 전체의 향후 의사결정에 영향을 주고 중장기적으로는 투자 및 영업비용 집행을 결정한다.

만약 포캐스팅을 낮게 보고 목표도 이에 따라 낮게 설정한 상태라고 해보자. 이때는 목표를 달성한다 해도 기업이 성장할 수 있는 투자비용도 과소하게 책정되어 집행되므로 실제 성장 잠재력보다 적게 성장한다. 따라서 기업의 가치에 훼손이 있을 수 있다. 반대로 포캐스팅을 과하게 잡은 상황에서 목표 달성을 못 한다면 기업은 과도한 비용 집행 및 투자로 막대한 리스크를 부담해야 한다. 따라서 매출목표는 10~20퍼센트를 상회하는 수준에서 배분해야 이러한 위험을 최소화할 수 있다.

초과 배분율을 결정할 때는 기업이 파는 상품 또는 서비스의 원가 구성을 살펴보아야 한다. 이때 고정비의 비율이 높을수록 초과 배분율을 높이고, 반대로 고정비의 비율이 낮으면 초과 배분율을 낮추어야 한다. 고정비는 단기에 조절이 어렵기 때문에 목표 달성이 되지 않을 경우 기업에 미치는 위험이 더 크게 작용하기 때문이다.

이때 한 가지 유의해야 할 점이 있다. 초기 진입단계에서는 3~4명의 슈퍼스타급 영업자들이 목표 매출의 대부분을 채우는 경향이 강하다. 이 경우에 목표는 달성해냈지만 효율적이고 생산적인 영업조직을 만드는 데는 실패했다고 볼 수 있다. 그러므로 '성숙-실행' 단계에서는 전체 영업구성원의 70퍼센트 정도가 목표를 달성하거나 초과하고, 30퍼센트 정도가 목표에 미달해야 한다. 이처럼 초과분과 미달분의 크기가 비슷해야 도전적이며 적절한 목표가 설정된 이상적인 모습이라고 할 수 있다.

영업구성원 보상 설계의 원칙

/

회사 차원에서 영업구성원의 생산성을 극대화시키는 가장 확실한 방법은 보상이다. 하지만 아이러니하게도 대부분의 회사는 보상 설계가 명확하지 않고 다소 복잡한 구조로 이루어져 있다. 하물며 직접적으로 성과 보상을 받는 이들조차도 보상안을 제대로 이해하지 못하고 있는 경우가 많다. 그럼에도 영업구성원들 입장에서는 보상안만큼 동기유발에 큰 영향을 미치는 것이 없다.

일반적으로 영업구성원의 보상체계는 기본연봉을 기준으로 성과에 따른 변동보수인 인센티브가 더해지는 구조다. 영업의 난이도 및 도전적인 목표에 따라 기본연봉과 수당을 합친 금액을 적절한 비율로 나누는데 이를 '패키지' 또는 'OTE On Target Earning'라고 한다. 만약 1년 동안 100억 원의 매출을 올리는 영업구성원의 OTE가 50 대 50, 1억 원이라고 가정해보자. 담당자들에게 지급하는 기본연봉을 5,000만 원으로 가정하면, 이 경우 목표 달성에 따른 변동 성과보수액은 5,000만 원으로 책정된 것이다.

성과보수를 책정할 때는 매출을 올릴 때마다 선형적으로 일정한 비율의 보상을 할 게 아니라, 개인별 연간 매출 목표(예시 100억 원)에 가까워지면 가까워질수록 더 높은 성과보수를 책정하는 것이 바람직하다. 다음 페이지에 나오는 '매출 달성 수준에 따른 성과급 지급 사례'처럼 같이 50억 원의 매출을 올렸을 때는 목표 달성율이 50퍼센트로 성과보수의 30퍼센트인 1,500만 원을 지급한다. 반면 목표 금액인 100억 원에 근접할 수록 성과보수 총액은 가파르게 증가한다.

연간 달성 수준에 따른 성과급 지급 사례

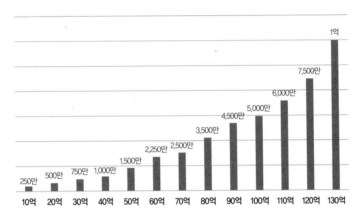

이처럼 영업성과 초과 달성분에 대해서는 가중치를 부여해 지수함수의 형태를 취하는 것이 구성원의 동기부여에 유리하다. 이때 영업목표를 100퍼센트 이상 달성한 영업구성원에 대한 성과보수는 제한하지 않는 것이 조직의 활력 및 동기부여를 위해 바람직하다. 그러나 조직의 성숙도, 영업의 난이도 그리고 시장 상황을 고려해 일부 상한선을 책정할 수 있다. 참고로 내가 재직했던 BT의 경우 연간 최대 책정된 성과보수를 300퍼센트로 제한했었다.

최강 조직을 위한 B2B 영업 특강

아울러 매출목표를 초과하는 경우 대부분 고정비가 확정된 상태에서는 변동비(영업원가)만 지출되므로 매출이익의 대부분이 영업이익으로 환원된다. 즉 영업구성원에게 높은 비율의 성과보수를 책정해도 무방하다는 의미다. 이는 일종의 스타 마케팅으로 다른 영업구성원들의 동기부여에도 도움이 된다. 여기서 간과하지 말아야 할 부분이 초기 목표를 설정할 때 전사의 목표 합보다 영업목표의 합이 10~20퍼센트 많게 책정해야 한다는 점이다. 이러한 차이에 대해서 구성원들이 인식하고 있으므로 이에 따른 영업목표 달성(전사 목표 110~120퍼센트 달성) 시 초과 보상에 대한 고려를 반드시 해야 한다.

성과보수 예산의 운영방안 마련하기

/

성과보수의 총예산은 어떻게 설정하는 것이 좋을까? 사실 이에 대한 정답은 없다. 매출에 따른 영업이익이 얼마인지 그리고 기업의 경영계획이 어떠한지, 이사회의 역할 또는 주주와의 약속과 같은 거버넌스 측면에서의 판단 요소들도 반영될 수 있기 때문이다. 다만 통상적으로는 매출목표상 예상되는 영업이익의 10퍼센트에서 최대 50퍼센트까지 각 영업 부문Line of Business, LoB별로 다르게 운영하는 방법이 있다.

예를 들어 기업의 사업 포트폴리오를 판단하는 'BCG 매트릭스'를 활용할 수도 있다. 이는 보스턴컨설팅그룹이 개발한 전략평가 기법이다. 아래 그림을 보면 기업이 물음표 영역에서 상대적 시장점유율이 높은 차세대 성장동력을 가진 분야로 가려고 할 때는 성과보수를 높게 책정한다. 반면 캐시카우 영역에 해당하는 분야일 때는 다소 낮게 책정하는 방법도 있다.

대부분의 외국계 기업은 B2B 사업을 할 때 조직 전체의 성

BCG 매트릭스

최강 조직을 위한 B2B 영업 특강

과를 직접적인 요소로 넣는 경우는 매우 드물다. 그럼에도 B2B 영업에 있어서 팀워크는 매우 중요하므로 직책 및 업무에 따라 성과보수의 비율에 차등을 두기도 한다. 예를 들어 영업부서는 기본급이 50퍼센트, 성과보수가 50퍼센트이며, 수행 및 지원부서는 기본급이 70퍼센트, 성과보수가 30퍼센트와 같이 차등적으로 운영하는 경우가 있다. 그리고 전체 기업의 목표는 각 직군 간에 중복으로 계산된다.

위의 경우처럼 성과보수 직군의 종류가 두 가지로 나누어지면 성과보수의 반영비율만 다를 뿐 목표는 공통으로 인식된다. 이때는 목표 관리가 직군별로 다소 복잡하다는 점을 감안해서 사전에 동일 직군 간 영역(지역, 고객 등)에 대한 정확한 구분이 정의되어야 한다.

또 다른 방법으로는 회계연도 말에 결정된 성과보수의 일정 분을 유보하고, 조직성과 최종 결산 후 달성 수준의 가중치에 따라 지급하는 방안이다. 그러나 이 방법은 조직 내 일부 '프리라이더'의 발생과 같은 부작용이 있을 수 있어 탁월한 성과를 낸 구성원의 동기부여에는 부정적인 영향을 미칠 수 있다. 무엇보다 어떤 조직의 성과를 기준으로 하느냐에 따라 달라지므로 성과보수 예산 금액을 예상하는 데 어려움이 생길 수 있다.

소개한 운영방안 외에 산업 및 영업의 특성을 고려하여 다양한 방안을 설계할 수 있다.

이처럼 적절하고 도전적인 성과보수의 설계는 일차적으로 조직에 활력을 불어넣어서 영업구성원들이 지속적인 성과를 내는 데 막대한 기여를 한다. 물론 영업 성과에 있어서 구성원 개개인의 역량은 중요하다. 하지만 나는 '기세氣勢'와 '간절함'이 더 결정적인 차이를 만들어낸다고 생각한다. 따라서 성과보수의 적절한 설계와 이에 따른 도전정신 부여는 영업구성원들의 기세와 간절함을 극대화할 수 있는 최고의 방안이다. 이는 실제로도 긍정적으로 작동하고 있다. 만약 그렇지 못하다면 유능한 영업인력은 회사를 떠날 것이고, 이로 인해 사업의 미래는 불투명해질 것이다.

팀 컬러에 맞는 행동 수칙을 수립하라

/

지금까지 최고의 영업팀을 만들기 위한 여러 가지 제언들에 대해 살펴보았다. 물론 이 또한 정답은 아니다. 기업이 다루는 상품과 서비스의 종류 그리고 조직의 특성에 따라 전략은 달라질 수밖에 없다. 하지만 앞서 언급한 내용을 토대로 영업팀을 꾸리고 페르소나를 명확히 정의한 후 팀 컬러에 맞는 고유한 영업 행동수칙을 수립한다면, 일정 수준 이상의 영업 리더십을 발휘하는 데는 부족함이 없을 것이라고 생각한다.

급변하는 기술 변화에 대처하고
지속 성장하는 B2B 영업전문가가 되기 위해

지금까지 이야기한 전문 지식과 B2B 영업 프레임 기반의 전략적 사고, 그리고 영업전문가로서 가져야 할 다양한 자질은 B2B 영업을 하는 데 매우 중요하다. 또한 자신이 속한 분야의 전문 지식을 연마함으로써 컨설턴트형 영업전문가로 거듭나 기술과 시대의 변화에 대응해야 한다. 하지만 그 외에도 시장에서 차이를 만들고 지속가능한 성장을 가져오는 정성적이면서도 중요한 자질이 있다. 급변하는 기술 변화를 바라보는 B2B 영업의 관점과 자세를 알아보자.

지속 성장하는 B2B 영업전문가의 3가지 자질

/

지금까지 이야기한 전문 지식과 B2B 경험을 기반으로 영업 전문가에게 필요한 정성적인 3가지 자질에 대해 이야기하고자 한다.

첫 번째는 자신감, 즉 '기세氣勢'다. 앞서도 언급했다시피 영업 성과를 내는 데 있어 중요한 요소 중 하나다. 이것은 자신이 판매하는 상품이나 서비스가 최고이며, 우리 영업팀의 역량이 시장에서 최고라는 확신을 갖는 것이다. 이러한 기세는 영업활동에 큰 영향을 미친다. 조직과 개인 모두 이러한 자질을 개발하는 것이 중요하며, 노력을 통해 얼마든지 개발할 수 있다.

먼저 조직적 차원에서는 상품에 대한 깊은 이해가 자신감 고취에 도움이 된다. 그러기 위해 상품지식 교육, 세일즈 피치, 협상 기술, 고객 인터뷰 등 실무 중심의 영업기술 교육이 체계적으로 이뤄져야 한다. 긍정적이고 협력적인 조직 분위기와 리더의 강한 확신의 전파, 성과 기반의 보상시스템을 통해 자신감을 더욱 강화할 수 있다.

개인적 차원에서는 자기 주도적인 지식과 기술을 습득하고, 달성 가능한 목표로부터 큰 자신감을 얻을 수 있는 단계적 목표 설정 및 성취, 그리고 긍정적인 사고와 스트레스 관리를 통해서 이를 강화할 수 있다. 이러한 긍정적인 기세는 경쟁사에게는 '공포恐怖'로 다가가는 반면, 우리에 대한 고객의 강한 '신뢰信賴'를 구축하는 밑거름이 된다. 이러한 신뢰를 통해 영업 성과를 내고 긍정성을 조직 전체에 확산해 사기를 진작하는 선순환의 고리를 구축할 수 있다.

두 번째는 앞서 언급했던 '간절함'이다. 나는 현장에서 B2B 영업의 마지막 순간, 성패를 가르는 차이는 간절함이라고 이야기하곤 한다. 이는 영업기회에 대한 진정성과 반드시 수주하겠다는 강한 의지에서 비롯된다. 이러한 간절함은 고객에게 진정성으로 전달된다. 나아가 강한 의지와 목표 설정을 유도하고 지속적인 동기부여를 함으로써 창의적인 문제 해결에도 도움을 준다. 무엇보다 감당할 수 있을 만큼의 리스크를 감수하면서도 새로운 시도를 통해 혁신적이고 창의적인 영업전략을 도출하는 데 큰 역할을 한다.

특히 B2B 수주 영업에서 간절함은 전문기술이나 평판 등 경쟁 열세의 상황에서 극적인 역전을 가능케 하는 가장 중요한 이유가 된다. 혁신적 접근을 통한 차별화로 새로운 트렌드와 요구에 신속히 대응하게 하는 것 또한 간절함이 그 바탕에 자리할 때 더욱 효과를 낸다.

　B2B 영업은 긴 여정 동안 수많은 시련과 고난을 만날 수 있는 복잡한 과정이다. 이 과정에 필요한 세 번째 자질은 '복원력復原力, Resilience'이다. 복원력은 어려운 상황이나 실패를 빠르게 극복하고, 다시 원래의 궤도로 돌아오는 능력을 의미한다. 이는 다른 말로 회복탄력성과도 맥이 통한다. 복원력이 좋으려면 멘탈이 강해야 한다.

　영업활동은 사람 간의 상호작용이기 때문에 고객뿐만 아니라 내부 조직의 상사 및 동료, 파트너에게서도 상처를 받을 수 있다. 복원력이 높은 사람은 영업 활동에서 발생하는 다양한 문제와 도전에 신속하게 대응하고, 이를 극복할 수 있다. 따라서 복원력은 B2B 영업에서 지속가능한 성공을 위한 핵심 자질이라 할 수 있다.

빠르게 변하는 기술을 대하는 B2B 영업전문가의 자세

/

　나는 공대를 졸업했으며, 이후 약 7년 동안 엔지니어로 통신사 및 장비 제조사에 근무했다. 이런 경험 때문에 최신 기술에 관심이 많고 민감한 편이다. 그러나 최근의 기술 트렌드를 보면 내가 직장생활을 시작한 이래 가장 빠르게 변하고 있는 것처럼 보인다. 2022년 11월 생성형 인공지능인 챗GPT 3.5 베타버전이 세상에 공개될 때만 해도 우리의 생활 전반을 인공지능이 지금 같은 수준으로 바꾸어놓으리라곤 상상하지 못했다.

앞서 간헐적으로 언급했지만, 빠른 속도로 진행되는 기술 발전 속도 때문에 구체적인 툴이나 방법은 언급하기 어려웠다. 그럼에도 이러한 최신 기술은 영업의 모든 분야에 많은 변화를 가져올 것으로 예상된다.

2024년 6월 'AI&BIG Data show 2024'에 소개된 5년 차 벤처기업 보다비VODA BI가 흥미로운 솔루션을 소개했다. 이 솔루션은 유무선 음성통화, 화상회의 채팅 등 다양한 형태의 세일즈 대화를 분석해 요약 및 감정 분석(긍정, 부정, 언급 없음)을 해 세일즈 점수를 산출한 리포트로 가장 높은 확도의 영업기회를 제공한다. 비록 지금은 콜센터와 같은 일부 제한적인 영역에 활용되지만 향후에는 대면 영업 중심의 B2B 영업 분야로도 이러한 기술들이 파급될 것이다.

그렇다면 우리는 이러한 최신 기술을 어떻게 대해야 하며 어떤 자세로 준비해야 할까?

B2B 영업과 기술은 떼려야 뗄 수 없는 관계임을 명확히 인식하고 기술 트렌드에 관심을 갖는 것은 물론 학습을 해야 한다. 이러한 최신 기술은 단지 지식으로서의 범주를 넘어 3가지 관점에서 고민할 필요가 있다.

첫째, 우리가 하고 있는 영업의 본원적인 목적, 즉 '생산성 향상'을 위해 우리가 일하는 방식에 새로운 기술을 어떻게 접목할지 고민해야 한다. 이는 직접적인 영업원가절감을 가져와 지금 팔고 있는 상품 또는 서비스의 경쟁력을 높일 것이다.

둘째, 우리가 지금 팔고자 하는 '상품이나 서비스와 기술을 접목'해 본원적인 가치를 올리는 방법을 생각해야 한다. 한 예로 영국의 건설자재를 판매하는 '셀코 빌더스 웨어하우스Selco Builders Warehouse'를 들 수 있다. 이 기업은 바쁜 건축업자들이 필요한 자재를 쉽게 찾을 수 있도록 프로젝트 도구 앱을 개발했는데, 이를 통해 온라인 방문자 수가 60만 회 이상 증가했으며 고객 만족과 판매 증대를 실현했다. 이는 기술과 관련된 상품이 아니더라도 플랫폼을 이용해 자사 제품의 가치를 올린 사례라 할 수 있다.

마지막으로 '고객 만족과 비즈니스 가치 관점'에서 생각해야 한다. '세상에 싸고 좋은 것'은 없다. 단지 좋은 성능과 비용 사이에서 최적점을 찾아가는 노력만이 있을 뿐이며, 고객은 끊임없이 저렴한 가격에 좋은 성능을 요구하는 것이 현실이다. 제2장에서 언급한 것처럼 IT 인력 서비스를 제공하는 회사가 인력 서비스 효율화를 원하는 고객에게 업무자동화 시스템과 통합된 서비스를 제공하는 것이 그 예다. 이처럼 기존의 경쟁사와 유사한 서비스에 첨단기술을 입혀 새로운 영역을 구축하는 것은 회사의 비즈니스 가치 상승과 고객 만족에 기여할 것이다. 멀리 내다보면 시장 확대를 통한 이익을 얻고, 고객과 지속적인 거래를 유지하는 데도 반드시 도움이 될 것이다.

시장에서 강력한 힘을 발휘하는
B2B 영업전문가로 거듭나길 응원하며

"어떤 내용의 책을 쓰실 겁니까?"

이 책을 집필하기로 마음먹은 후 지인들에게 받은 질문이다.

"B2B 영업 방법론에 관련된 책을 써보려고요."

내가 이렇게 대답하면 대부분 이런 반문이 돌아왔다.

"B2B 영업, 어떤 거요?"

B2B 영업은 팀워크가 기반된 종합 예술이다

/

B2B 영업은 단언컨대 전문 영역이고 많은 경험과 직관 그

리고 체계적인 교육과 연습이 필요한 분야다. 그런데도 많은 이가 영업은 고객과의 관계를 잘 형성하고, 술자리나 골프 같은 접대를 통해서 계약을 따오는 것이라는 오해를 한다. 심지어 내가 직장 생활을 하며 만난 이들 중 특정 업무에 종사하다가 잘 안 풀릴 때면 "안 되면 영업이나 하지 뭐!"라고 말하는 이들이 많았다. 우선은 이런 오해를 바로잡고 싶었다.

그다음으로는 후배들의 고충을 조금이나마 해소해주고 싶었다. B2B 영업 담당자로 호기롭게 업무를 진행하다 보면 난관에 부딪히거나 어려움을 겪을 일이 많다. 더욱 문제인 건 이를 헤쳐나갈 전문 지식이나 멘토가 부재하다는 것이다. 이런 문제로 힘겨워하는 후배들을 볼 때면 늘 안타까운 마음이었다. 개인적으로 코칭을 해주고 싶지만, 나 역시 회사 업무에 매여 있는 몸이라 현실적으로 쉽지 않았다. 다른 해결책이 필요했다.

그뿐만이 아니다. 다른 이유도 있다. 나는 영국 통신사에서 일할 때 아시아 퍼시픽 지역의 여러 나라 동료들과 많은 영업 교육을 받았다. 싱가폴까지 출장을 가서 받은 교육의 내용은 실망스러웠다. 고객과 첫 만남에서 명함 주는 법, 고객을 배려하는 자리 배치, 인사 잘하는 법, 정장에 컬러 코드 매치하는 법 등 B2B 영업과 동떨어진 교육이 더 많았기 때문이다. B2B 영업 관련해서 전문적이고 체계적이며 실전에 활용 가능한 교육은 예나 지금이나 찾아보기 어렵다. 이런 이유로 이 책을 집필하기로 마음먹었다.

B2B 영업 방법론과 관련된 책을 쓰겠다고 하니 또 다른 지인은 이렇게 물었다. "말로 하기도 어려운 것을 어떻게 글로 표현하려 하시나요?" 실제로 이 책을 마무리하기 위해 원고를 수십 번 읽고 고쳐 쓰며 교정하는 과정을 거쳤다. 너무 어렵게 쓴 것은 아닌가 하는 우려도 있었지만 반드시 필요한 내용이라 생각했다. 제2장부터 제6장까지 B2B 영업 방법론을 장황하게 설명했지만, 4개의 문장으로 간단하게 요약하면 다음과 같다.

① 우리의 상품과 서비스를 효과적으로 팔기에 적절한 영업기회를 선별하여 고객이 원하는 고유한 사업 가치를 개발한다.

② 고객사의 핵심관계자들과 이상적인 관계를 수립하고 적절한 영업전략을 기반으로 경쟁사를 압도한다.

③ 사업가치와 가치를 증명할 수 있는 방안을 핵심관계자에게 효과적으로 제안하고 구매 결정을 유도한다.

④ 제안가치를 지속적으로 증명하고 이를 통한 신뢰를 기반

으로 고객과 지속적인 거래를 이어 나간다.

이 책은 B2B 영업 담당자 또는 관리자 개인이 직접 실천하고 이를 통해 영업 역량을 향상하는 데 주안점을 두고 집필했다. 물론 나는 "B2B의 핵심은 영업이다."라고 주장하는 영업 지상주의자는 아니다.

제7장에 언급한 것처럼 영업과 마케팅은 떨어질 수 없는 동전의 양면 같은 존재다. 우리가 접근하고자 하는 타깃, 그리고 파는 상품 또는 서비스에 따라 각자 최적의 비율을 찾아야 한다. 마케팅 업무의 경우 팀 또는 전사 차원의 전략 수립에 기반해 실행하기 때문에 개인이나 팀 규모에서 주도적으로 실천할 수 있는 영업과는 거리가 있다. 이런 이유로 마케팅 관련해서는 많은 부분을 언급하지 못했다.

B2B 영업은 '팀워크 기반의 종합 예술'임을 기억해주기 바란다. 이는 매우 중요한 사실이다. B2B 영업 담당자라면 이러한 전략 수립 방법론을 체득함으로써 팀을 변화시키고, 체계적으로 정리된 전사적 영업 데이터를 갖고 좋은 영업기회를 찾아야 한다. 그리고 이를 성사시키는 빈도가 올라가면서 전사 영업조직 역량을 극대화하는 것을 목적으로 두어야 한다. 이는 궁

최강 조직을 위한 B2B 영업 특강

극적으로 개인과 조직 모두 '지속가능하고 경쟁력 있는 영업'을 추구하는 일이다. 이 책을 읽고 꾸준히 방법론을 체득한다면 'B2B 영업전문가'로서 자질을 갖출 수 있으리라 믿는다.

B2B 영업전문가가 되고자
치열하게 노력하는 모든 이들을 위하여

/

인력기반의 보안 및 시설 서비스를 주력으로 하는 대기업 계열사 대표로 재직하던 시절의 일이다. 우리 회사 영업구성원의 역량 향상을 위해 그간의 내 경험과 내가 받은 교육을 토대로 교육 과정을 개발했으며, 그것을 토대로 교육했다. 그 내용으로 책을 쓰겠다는 담대한 도전을 결심했다. 그 후, 약 1년여의 준비를 거쳐 이 책이 나오게 되었다.

이 책은 결코 나 혼자의 힘으로 완성되지 않았다. 그동안 나의 고객이 되어준 고객사의 사람들, 나와 함께 했던 동료와 선후배, 그리고 묵묵하게 나를 믿고 함께 해준 파트너사 대표와 직원들이 있었기에 가능했다. 그 외에도 사회생활을 하며 만났던 모든 이들이 나에게 영감을 주었다. 이 모든 이에게 감사를 전하며 이 책을 내놓는다.

마지막으로 책을 쓴다는 핑계로 주말 내내 스터디 카페와 내 방 책상에서 시간을 보내는 내게 격려를 아끼지 않았던 가족과 하늘에서도 나를 응원해주리라 믿는 나의 동생이자 신한대 교수였던 창훈이에게 이 책을 바친다.

- Target Account Selling™ V8.0 The TAS Group 2006
- Siebel Applications Administration Guide https://docs.oracle.com/cd/E95904_01/books/AppsAdmin/target-account-selling.html#target-account-selling
- The Alchemy of Growth: Mackensey, 2000
- 혁신이론 https://en.wikipedia.org/wiki/Diffusion_of_innovations
- The Death Of A B2B) Salesman: Two Years Later, Andy Hoar Forrester Research, 2017
- Align Culture and Strategy to Grow the Business LSA Global, https://lsaglobal.com/blog/corporate-culture-and-strategy-must-be-aligned-to-grow/
- Segmenting Markets for Go-to-Market, Youtube a16z), 2018
- Competency at work : Model for superior performance, Spencer L & Spencer S, New York Wiley and Sons. Inc, 1993
- The present and future of the B2B sales profession, Samer Elhajjara, Laurent Yacoubb and Fadila Ouaidac, Journal of Personal Selling & Sales Management, 2023
- "일하고 싶은 동기를 부여하거나 일할 수 있는 능력을 키워주거나" 이수민, 동아비즈니스리뷰, 2022
- Analyzing sales proposal rejections via machine learning, Peter Nguyen, Scott B. Friend, Kevin S. Chase and Jeff S. Johnson, Journal of Personal Selling & Sales Management, 2023

- The Future of B2B sales, Kerney, 2020
- Future of B2B sales : The big reframe, Mckinsey&Company, 2022
- Re-invent sales for the 21st Century, Deloitte, 2014
- B2B, '찐'영업으로 승부하라! 박주민, 2021
- Rebuilding B2B 영업전략 김한균, 2022

성공하는 영업기회와 전략을 위한 5가지 영업 프레임

최강 조직을 위한
B2B 영업 특강

초판 1쇄 발행 2024년 8월 26일
초판 2쇄 발행 2024년 9월 10일

지은이 천세훈
펴낸이 조자경

편 집 최서윤
디자인 김현진
마케팅 이승재
제 작 김정배

펴낸곳 블루오마주
출판등록 2023년 12월 12일 제2024-000059호
주소 서울 영등포구 양평로 30길 14 세종앤까뮤스퀘어 1002호
전화 02)2628-7890 **이메일** hanna126@hanmail.net

ISBN 979-11-988467-2-3 03320